ホンのひととき

終わらない読書

中江有里

JN150154

PHP
文芸文庫

○本表紙デザイン＋ロゴ＝川上成夫

終わらない読書——まえがきにかえて

わたしが仕事を始めたのは、高校一年生の頃でした。大阪から上京して初のひとり暮らし。休日は、朝起きてから夜寝るまで一人きりで「あれ、今日一言もしゃべらなかったな」という日もありました。

ある日、さみしさにたえかねて、すがる思いで本屋へ行き、貪《むさぼ》るように本を読みました。パリパリに乾いたふきんのような心が、文字の泉に浸《ひた》り、徐々に柔らかくなっていくのを感じました。その時「本はわたしの心の友達」と確信しました。

「本」とは、不安な心持ちの時ほど、その存在が染み入るのかもしれません。自分を慰めるように読書する。でも、平たい紙に印刷された文字やイラストが、こぼれる涙をふいたり、こちらの話を聞いてくれたりするわけもなく、具体的には何もしてくれません。

一方、単純に「笑いたい」「泣きたい」という欲求のための読書もあります。言い換えれば「本」に「笑わせてほしい」「泣かせてほしい」、つまり「本」に「〇〇してほしい」という受け身の姿勢の読書です。

しかし「本」は芸人さながらに笑わせたり、俳優のように演技で涙を誘ってくれたりもしません。普通は本棚に収まっているか、かばんの底で、他の荷物の下敷きになっても文句一つ言わない。

受け身なのは読者ではなく、常に「本」の側なのですね。人がページを開いてくれるその時まで、じっと待ち続けている「本」ほど、我慢強く受動的なものはありません。

だから「本」と付き合う時は、自分から迫っていき、追い求めて、その世界に割って入る。そうした姿勢で挑みます。わたしは子どもの頃から自他共に認める内向きな性格ですが「本」に対する際はかなり積極的です。

これまでわたしは、さまざまな「本」と出合ってきました。「本はわたしの心の友達」と書きましたが、これほど気が置けない友達はいないでしょう。その証拠に、この文章に登場する「本」という単語を「友達」と入れ替えてみてください。ほぼ意味が通ると思いませんか？

疲れたり、飽きたりしたらすぐ閉じてもいいし、必要な時はいつまでもそばにいてくれます。「本」はこちらがどう変わろうと、常に同じ中身で、こちらが夢中になって読む日を待ち受けてくれています。読むと、ふいにずっと昔の記憶を思い起こさせたり、遠い未来を予言したりもする。そんな先の読めない憎いヤツだから面白い。

「本」との付き合いはそれなりに長くなってきましたが、実に謎に満ちた存在です。

「無知の知」つまり「知らない」ということを知る。これはつまり、一という数字を知って「一の次は何だろう」と気づくことでもあります。こうして一以外の存在を知るわけです。そのきっかけがわたしにとって「本」なのです。

過去に読んだ「本」は今の自分を作り、今読んでいる「本」は五年後、十年後、もっと先の自分につながっていきます。

終わらない読書が、いつもあなたの未来を作ってくれますよ。

『ホンのひととき』目次

I　ホンのひととき

II

読書日記　２０１１〜２０１４

III 書評の本棚

I

ホンのひととき

「毎日新聞」の生活欄で連載した本についてのエッセイです。かまえて読書するのではなく、日常のひとときに本を開いてくれたら、と思い「ホンのひととき」というタイトルにしました。

ひとりきりになれる場所

わたしの趣味は読書です。単に趣味というより生きがいかもしれません。子どもの頃、家族で電車に乗り、隣町のデパートに出かけるのが楽しみでした。そのデパートには、本屋があり、柱を囲むように大きなテーブルと数脚の椅子が用意されていました。子どもたちのための読書コーナーです。親がデパートで買い物をしている間、子どもは読書をして待っています。わたしもそうした子どもの一人でした。

本棚にずらりと並んだ背表紙を一通り眺め、気になった本を取り出して、そっと開いてみる。まずは新しい紙のにおいを吸い込み、最初の数ページを読みます。そうやって何冊か開いてみて「これなら読めそう」と、勘で選んだ本を抱え、読書コーナーに向かいます。

時間がたつのを忘れて読みふけっていると、やがて買い物を終えた親が迎えに来ます。帰り際、特に気に入った本を一冊買ってもらうと、次のお出かけまで、何度も繰り返し読みました。

　当時はお菓子や洋服よりも、本を買ってもらう方がうれしくて、急に大人扱いされたような気持ちになりました。ほんの少し照れくさく、心が弾みました。

　思い返せばデパートの本コーナーは、子どものわたしにとって、数少ない「ひとりきりになれる場所」でした。今も昔も本屋や図書館という本のある場所は、大人も子どもも、ひとりきりの時間と空間にいることを、ごく自然のものにしてくれます。

　誰かとおしゃべりしながら、読書はできません。そういう意味で、読書はとても孤独な行為です。孤独は、自分と向き合う時間をくれます。本を選ぶのは、自分に問いかける時です。

「今、読みたい本はどれか」

「自分がどんな本を必要としているのか」

　まだ言葉にもなっていない内なる思いを、本という物を通して感じるのです。

　自分で選んだ本を読むのは、想像の冒険をする時。その場にいながらハラハラドキドキ、驚き、怒り、笑ったり悲しくなったりと、あらゆる感情を体験します。本を閉じると、あっという間に元の世界へと戻ります。

読書はひとりきりでするものだけど、幼いうちは大人の手助けが必要です。子どもは「読み聞かせ」という形で、大人と共に読書します。まだ飛べないひな鳥が親鳥に寄り添うように。

いずれひな鳥がひとり飛ぶ日のために、あらゆる経験をさせてあげることは、親鳥の役割です。わたしがひな鳥だったころに得た読書は、親元を離れて久しい今を生きる力になっています。

「読書」という経験を子どもに伝えていくこと、それが「読書」に多くの力をもらったわたしにできる「恩返し」だと思います。

ままごと遊び

わたしが子どもの頃、読書と同じくらい熱中したのは人形を使ったままごと遊び。母の大判ハンカチを何枚か広げて部屋に見立て、その中で人形を動かしながら即興でストーリーやセリフを考えるのが好きでした。

この遊びは、夢中になるほどに欲しいものが増えてしまう。特に衣装。お店には人形用のきらびやかな洋服やドレス、振り袖まで売っています。おもちゃ類を買うのは誕生日、と決まっている我が家では、ねだることも難しい。やがて「ないのなら自分で作ればよいのだ！」と思いつき、母からいらない端切れをもらい人形の洋服を手作りするようになりました。

「好きこそ物の上手なれ」と言いますが、わたしの場合はおままごと遊びから自分で物語を作る面白さを知り、人形の洋服作りによって裁縫の楽しさに目覚めました。いつしかままごと遊びの枠を飛び越えて、興味の範囲が広がっていったのです。

読書もまたままごと遊びと同じく、娯楽の一種です。食べたり眠ったりという生きるために欠かせない作業ではありません。娯楽としての読書は、仕事や勉強の余暇にするものです。

話は変わりますが、時々「最後まで本を読めないんです」という声を聞くことがあります。分厚い本になると、その分量に尻込みして読むのをあきらめてしまう。読んでいる途中で本の内容に飽きてしまったり、筋がこんがらがってしまったり、という読書にまつわる悲しい経験は多くの方にあるかと思います（何を隠そうわたしにもあります）。そういう方にこそ、読書は娯楽ですからどうぞ気楽に本とお付き合いください、と言いたいのです。

わたしはもともと日本の近現代小説が好きでしたが、仕事を通じて初めて時代小説を読んだ時、「床几《しょうぎ》」「蘇芳《すおう》」など読み方もわからない単語にぶつかると投げ出したくなりました（ちなみに床几は折りたたみ式の腰掛け、蘇芳は赤色系の染料にもなる豆科の小高木）。

辞書で引くと「なんだ、そんな簡単なことだったのか」と頭がすっきり。そのうち小説内の知らない単語探しに没頭し、その意味を知る楽しみを得ました（もちろん時代小説を読む喜びも深まりました）。

本を楽しむ主体は読み手にあります。つまりどんなふうに楽しむのも自由なのです。散歩の途中で面白そうな道を見つけたらちょっと寄り道してしまうように。その寄り道が思わぬところへつながっているかもしれません。たまたま手に取った本が新たな世界へ導いてくれるとしたら、もう読まずにいられない！

本とは、作家が伝えたい思いが形になったもの。奇想天外なストーリーや、面白い経験、胸に残る感動など、実話、フィクションを問わず誰かに伝えずにはいられないことがつまっています。「ねえ、聞いて！　こんな話があるんだけど」と話しかけてきた友だちの話を聞くような気持ちで読むのが、読書を楽しむコツです。

診療所の待合室で

「あれ、風邪かな」と体の不調に気付いてすぐ、かかりつけの診療所へ駆けこみました。

わたしと同じようなマスク姿の患者が、みな静かに腰かけて順番を待っています。診療所の隅っこには小さな本棚があり、週刊誌から子ども向けの絵本まで幅広く備えてあります。

そこにやってきた幼い男の子の兄弟。待合室に入るなり、一目散に本棚を目指します。兄弟は押し合いへし合い競いながら「それはボクの」「ちがうよーダメだよ」と本を取り合っています。ようやく気に入った本を探し当てると、今度はふたり仲良く母親を挟むように座り、そろって本を読み始めました。

長い待ち時間、やってくる子どもたちを観察していたら、みな一様に本棚を目指し、楽しそうに本を選んでじっくりと読んでいる。子どもは本が好きなんだな、とうれしくなりました。

こんなに本好きだった子どもが、いつのまにか本を読まなくなる。やがて大人になると、「どんな本を読めばいいのかわからない」という悩みに発展していく。こんな流れを経て、読書から離れていくのは、さみしいものです。

なぜ子どもは、自分の読みたい本を探すことができるのでしょう？　きっとそれは、子どもが好奇心のかたまりで、何でも知りたい！　と思っているからではないでしょうか。

これがさまざまな経験を積んだ大人になると、「得になる読書」「情報を求める読書」つまり損得を求める合理的な読書になりがちです。忙しい時間の合間を縫って本を読むのだから、最低限の時間で最高の効能を求めたい、というのはわからなくはありません。でも「合理的」という言葉は、読書という行為にもっともそぐわないものです。

なぜなら本は「読んですぐ」ではなく、長い時間をかけて染み込んでいくものだからです。知識や経験がまだない子どもは言うなればまっさらな土地。本という水をどんどん吸い込み、いつしか知識の泉がわいてきます。そのためには、できるだけ多くの水分を吸いこむこと。そうしてたくさんの本の中から、自分に必要なもの、そうでないものを学びます。時間を忘れ（時には食事を抜いてでも）心に栄養をあげるという読書の大切さを、子どもは最初から知っているのでは、と時々思います。

あれこれと書いていますが、子どもが読書をする理由はただひとつ。読書が楽しいからでしょう。子どもは楽しむことの天才です。歩くこと、食べること、こうした日常の営《いとな》みの中にも楽しみを見つけ出します。読書も生活の一環。本を選ぶことも読むことも楽しい。診療所の待合室にいた子どもたちは、まさにそんな様子でした。

こんなふうに、楽しければ時間を忘れていくらでも楽しむ「非合理」の代表ともいえる子どもが読書の達人になるのは、当たり前かもしれません。

でも子どもが読書の達人なら、大人だって元達人。昔のように読書を楽しむ気持ち、取り戻しませんか？

サプリメント

子どもの頃、ある日の食卓を一目見てどうしても食欲がわかず「あんまり食べたくない」と言いました。母は「食べなくていい」と片付けてしまいました。「むむ、そう来るか」と意地で我慢しましたが、二食抜いたところで空腹に耐えられず「ごめんなさい。何でも食べます」と謝りました。するとわたしが食べなかった同じメニューを出しました。ようやく一口食べたその時のおいしさは忘れられません。子どもながら空腹は最高の調味料だと身にしみてわかりました。

親は子どものためにバランス（と味）を考えた料理を用意しますが、いくら栄養価が高くとも、味の好みや空腹具合によって食べられないということがあります。

食べるという行為はただ味わうだけでなく、命を支えることで、身体が自然に欲するもの。先に書いたわたしの経験も空腹という状態に置かれて、やっと食べ物の味や栄養価を身体で感じたのだと思います。

ところで、本を食べ物に喩《たと》えるなら、いったい何でしょう。ズバリ、サプリメントではないでしょうか。食事では足りない栄養を手軽に補ってくれる。現代人にはおなじみのもの。

こうしたサプリメントとしての本は、身体が欲している時に取り入れるのが一番です。取り過ぎてはよくないし、足りなくても意味がない。本物のサプリメントなら、食事のバランスを見て量や種類を調整すればいい。しかし本のサプリメントの分量はどれくらいが適量か、どんな種類を取り入れればよいか、これは難しい問題。人によって身体や状態はまちまちですから。本というサプリメントの効能は心にあらわれます。つまり心の状態によって、取り入れるサプリ本は決まってくるのです。

ここではわたしの経験に基づくサプリメントの種類及び効能について記してみます。

うれしかった日のサプリ本は、はずんだ心を冷静にする本。なぜ？　と思われるかもしれませんがテンションが上がりすぎるとあとで疲れるので、クールダウンすることが大事です。こういう日は写真集が効《き》きます。空や海の景色、人間や動物たち、それらの一瞬を切り取った写真は、不思議と心を静めてくれます。

傷ついて落ちこんだ日は、小さな世界を舞台にしたサプリ本が沁《し》みます。会社や学校、家族内の小さな出来事を描いた物語には、わたしと同じように傷ついた人々が登場する。共感しながらも「こんなことで傷つくなんてわたしも繊細だわ」と自分を客観的に見られるようになります。

どうしようもなく不安な日には、やっぱりエンターテインメント！　開くだけでワクワクするようなサプリ本です。長編ミステリーを徹夜で読めば「あれ、いったい何を悩んでいたんだっけ？」となり、多少睡眠不足になっても心は満足、不安解消。

サプリ本の効果は、本物のサプリメントと同じくそれほど長くはありません。自分の心の状態をみて「おや、栄養が足りてないな」と思ったらすぐ取り入れてみてくださいね。

読書の偏食家

新たな年になると気分も一新、ここぞとばかりにいろんな誓いを立ててしまいます。よし、もうちょっと部屋の片付けをしよう。いざ、片付け始めてから「こんなに読んでいない本があった！」と〝積ん読〟本（未読本）を発見しました。買った本、頂いた本、全く覚えのない本（自分で持ち帰ったはずなのに）、あふれかえる本を眺め、片付けに奮闘しながらも心の中では「これだけあれば、永遠に飽きることがない」とひそかに喜んでいたりします。

ところで先日知ったことですが、ここ五年間における一日の平均読書時間は一人一時間に満たないそう（毎日新聞社「読書世論調査 2012年版」）。ちなみに月に読む本・雑誌は平均四冊未満。ということは、平均的読者とは毎日一時間弱読書し、一週間強で一冊の本や雑誌を読み終えるということになります。活字離れが言われて久しい現代ですが、けっこうちゃんと読まれている！　とうれしくなりました。

一方で、本を全く読まない方もいます。その理由はさまざま。「読む時間がない」「面白い本に出合わない」「読書より楽しいことがある」など。本好きのわたしですが、読まない方の気持ちに共感するところがあります。単純に面白くないものを、なかなか好きになれませんよね。

ちなみにわたしは野球があまり好きではありません。たいした知識もないので、試合を見てもよくわからない。でも野球を描いた本なら食指が動きます。なぜなら自分にはわからない野球の魅力を知りたいと思うからです。

「わからない」ことを「知る」というのは、大変な喜びがあります。勉強ではなく、純粋に自分の好奇心を追求すること。これが読書を面白くする最適な方法です。

面白さのポイントは十人十色《といろ》。小説ひとつとっても、純文学、エンターテインメント、ミステリーなどあり、ノンフィクションとなると数えきれないほどのジャンルに分かれています。一口に本好きと言ってもすべてのジャンルの本を網羅するより、どちらかというと自分の好きなジャンルの本にのめり込む場合が多い。本の偏食家、とでもいいましょうか。

実はわたしも本に関してはかなりの偏食家でした。小学校高学年で赤川次郎ミステリーに夢中になり、その後、宮本輝、遠藤周作などの純文学にはまりました。アガサ・クリスティの小説にいたっては何度繰り返し読んだかわかりません。

偏《かたよ》り気味の読書遍歴を経て、今は何でも読みます。そして何でも読みたいのです。本の甘いだけじゃない、苦さや酸っぱさを覚え、面白さの味わいがより深まってきたからでしょう。

つまり本の面白さとは、自分のアンテナでキャッチするものなのです。そのためには、自分の感受性を磨き、自分が何を面白いと思うか、を知ること。

本への食指を動かすのは、本そのものではなく、あなたの好奇心です。

試験ギライ

寒い日が長く続くと、桜の季節が待ち遠しくなります。現在受験生の皆さん、そしてそのご家族の皆さんも同じ気持ちではないでしょうか。

進学のための試験だけではなく、どんな試験前も落ち着かないものです。いまだに試験を受ける夢を見て「え……全然わからない！」と焦《あせ》って目を覚ますことがあります。他に「セリフを覚えていないのに撮影が始まっている夢」と併せて、これらを「二大恐怖の夢」と呼んでいるわたしです。

試験は別として、勉強は嫌いではありません。苦手な科目はありますが、勉強すること自体は楽しい。本を読むことと同じく、勉強は「知らないことを知る」という行為の一環です。ただしあらゆる勉強には最終的に試験という関門があるので「試験は嫌」が「勉強は嫌」に結び付いてしまうのかも。だからといって「試験をなくそう」とは思いません。試験があるから、勉強の成果がわかるし、勉強の達成感を得られます。やっぱり勉強と試験はセットなのでしょうね。

ところで国語の試験には大抵、小説やエッセーなどが問題として掲載されていま
す。「次の文章を読んで答えなさい」という類《たぐい》の文章のことです。文章の一部分の
漢字の読み書きや四文字熟語の意味を問うこともありますが、中心となるのは文章
の読解力をみる読解問題です。

わたしはこの問題が割と好きで、成績も悪くなかった記憶があります（ただし漢
字テストはボロボロ）。のちに友人数名に聞いたところ、読解問題は嫌い！　とい
う声があがりました。わたしは数字や言葉を記憶するのが苦手でしたが、友人たち
は読解問題が「苦手」ではなく「嫌い」だったという。なぜ、と聞くと異口同音に
こう答えました。

「読解問題には、大抵答えが用意されているけど、あの中に自分の考える答えがな
かった」

たしかにあらかじめ用意された四つほどの解答から選択するという形が取られて
いました。

「〇字以内で書きなさい」という問題もありました。これについても友人たちは
「この文字数では答えが書ききれないじゃないか」と。

実に正直な答えだと思いました。文章をどう理解するかは、その人次第です。自

分の答えが用意された答えと違っているから答えられない、だから嫌いになってしまったというわけです。

ちなみにわたしの場合は、読解問題に自分の思う答えがない時、問題制作者の意図を想像して解答しました。

実は拙著『納豆ウドン』が、ある高校入試問題で引用されたことがあります。あとで問題を送ってくださいましたが、読解問題については答えられませんでした。選択肢は「どれも微妙に違う！」。模範解答がついていなかったので、今も正しい答えはわかりません。

作者もわからない問題を解いてくださった受験生の皆さんに、この場を借りてお礼申し上げたいと思います。

不純な動機

わたしが女優の仕事を始めたのは十五歳の時、高校一年の夏でした。実はそれ以前は読書好きが高じて、何か書く仕事につきたいと思い、当時夢中になったテレビドラマの影響もあって「いつか自分もこんなドラマを書きたい」と脚本家にあこがれました。

ひょんなことからドラマに出演する方にスカウトされ、女優業を始めましたが、同じドラマを作る立場とはいえ、職種は全く違う。しかも私は人前に立つのは大の苦手。それなのになぜ女優業をやろうと思ったかというと、少しでも脚本の道へ近付きたかったからです。

「同じドラマを作る世界なら、ついでに脚本の勉強もできるかもしれない」と考えたのです。我ながらなんと不純な動機……。

しかし実際仕事を始めてから、己の無力さを知り、いかに自分が甘かったかを痛感しました。何をやっても思う通りにいかず、叱られるばかり。しばらく脚本家の夢は封印し、演技のレッスンに没頭しました。

演技の先生は、入ったばかりの生徒に必ずこう言いました。

「学校に行っている者は、成績が下がったらレッスンに来てはいけない。成績を落としたくなかったら本を読みなさい。仕事が欲しければ本を読みなさい」

生徒には、わたしも含めて学業と俳優業を両立している者が大勢いました。仕事が忙しくなり、学校も休みがちになると、当然勉強はおろそかになります。

「働いてお金を得ているのだから仕事が第一。そのうえで余裕があれば学業も」。周囲ではそれが当たり前の考え方だったので、先生の言葉は意外なものに思えました。

でも、初めての映画の脚本をもらった時、先生の言葉の意味がわかりました。

脚本には俳優のセリフや動きは書いてあるけど、どんな気持ちでセリフを言い、動くのかは書いていない。ト書きに「涙を流す」とあっても涙の理由は記されない。役の服装や髪形もヒントになることはあっても、具体的な指定はない方が多い。俳優の仕事である「役作り」とは脚本を読み、役柄の姿かたち、声や歩き方などを想像して、立体的にしていくことを指します。

この役作りの助けとなるのが想像力。心の筋肉ともいうべき想像力を鍛えるには、読書がベストです。学校の成績について先生がおっしゃった意図は、どんな動機（レッスンに行きたい、仕事が欲しい）でもいいからまず本を読んでほしい、読書の大事さを伝えたかったからでは、と思います。

女優の道を経由し、脚本家の道が開けた今、書くことも想像力がなければできないと感じます。わたしの人生は読書に始まり、読書に支えられているのです。

でもそれは女優業に限ったことではありません。ドラマとは日常を描きだした物語。誰の人生にもドラマはあります。そして自分の人生というドラマを演出するのはあなた、主役もまたあなたです。

種まき

先日、鳥取県の大山町《だいせんちょう》を訪ねました。読書に関する講演をするためです。聴衆には小さな子どもがいる親御さんが目立ちました。読書に興味をお持ちの皆さんを前に、わたしが思う読書の面白さ、大切さをお話ししました。皆さん、真剣な表情で聞いてくださっていました。具体的な書名を挙げると、メモを取っている方もいたりして、熱心な様子に感激しました。

講演は一時間半ほど。その中でわたしはこんなことを話しました。

「読書はタネです。タネはまかなければ、芽は出ません。読書のタネは植物の種と似ていますが、ひとつ違う点があります。それはまいてから、いつ芽が出るかわからないところです」

子どもの頃に読んだ本のタネは、大人になってから実をつけることもあります。生物学者の福岡伸一さんは、子どもの頃に読んだ『ドリトル先生航海記』（ヒュー・ロフティング著、井伏鱒二訳）が生物学者を目指すきっかけとなったとおっしゃっていました。

大人は、仕事や家庭において時間に追われることが多いと思います。時間がある時に読もうとせっかく本を買っても、本を開く時間がないなんて話も聞きます。

子ども時代は、時間の流れがゆっくり感じられ、夏休みなど永遠に続くように思えました。子どもの時間感覚というのは、大人と比べると少し変わっているのかもしれません。

忘れられない読書体験をひとつ記します。それはエクトール・マロの『家なき子』を読んだ時のこと。転校先の教室の片すみにあったその本は二段組み、厚さ五センチほどあり、表紙はボロボロ。中の紙は黄色く変色し、長く誰にも触れられていないような本でした。引っ越したばかりで、まだ友だちもいなかったわたしは、休み時間を持て余して手に取りましたが、読んでいる間、時間の流れを忘れていました。

読み終わって、自分の中をめぐる、言葉にはならない思いがありました。「読んで良かった」ということはわかりました。

今も時々、教室でひとり『家なき子』を読んでいたことを思い返します。福岡さんが生物学者になったような素晴らしい体験とは違うけど、今のわたしを作った貴重な読書体験だったと感じています。

鳥取の話に戻ります。講演後、町の社会教育課の方々に「読書のタネ」の話はとてもわかりやすかったと感想をいただきました。そして、こう言われました。

「でもタネをまく前に、畑を耕すことも必要ですね」

ハッとしました。ここで言う「畑」とは日常生活かもしれません。子どもが安心して暮らせる生活を整えるのは、親である大人の役目。それに加えて子どもの読書について考えるとなると、大人が忙しいのは当然です。

だからこそ子どもだけでなく、大人も自分に読書のタネをまいてほしい。やがて花が咲き、どんな実がなるのか。それは時間に追われながら懸命に生きる大人の楽しみになるのでは、と思うのです。

人見知り

新年度は進級、進学、新天地、新境地、人それぞれのスタートに立つ大切な時です。

新しい場に行く「楽しみ」には、もれなく「不安」がくっついてきます。まったく「楽しみ」だけでいいのに、いつだって「不安」はしつこく付きまとう。でも「不安」は、理由もなく付いてくるわけではないようです。

たとえば初めての教室に入り、見知らぬクラスメートばかりだと、自分がどこに居ていいのか不安になりますよね。実はわたしの仕事も同じです。現場が変わるなんてしょっちゅう。初めて出会う人も多い。毎日クラス替えしているようなもので、日々緊張の連続です。

正直言うとそうした変化が、昔は苦手でした。今も決して得意ではありません。でもいつの日からか、こうした変化に対する「不安」の乗り切り方がわかるようになりました。

「不安」の乗り切り方は、いたって簡単です。「楽しみ」に「不安」が付いてくるなら、「不安」を楽しんでしまえばいいのです。

具体的にいうと、自分が今、何を不安に思っているのかを最初に見極める。あらゆる不安の理由は大体こんなことでしょう。「わたし、ここでうまくやっていけるだろうか」。仕事への不安、人間関係での不安。自分の振る舞い方がわからない不安。

不安の原因がわかったら、それを取り除くようにすればいい。まずはその場で、自分が指針にする人を見つけること。たとえば学校ならば、先生や学友の中で探します。

ではどうやって選ぶか？　ズバリ勘です。生涯の恋人を見つけるようなつもりで勘を働かせてください。「この人を自分の先生としよう」と決めたら、その人のやることを観察し、時にやり方をまねる。言葉を聞き逃さない。いつしか不安は消え、残るのは学ぶ「楽しみ」だけです。

ものを学ぶ時、まず先生の言うこと、やり方を取り入れてみるのが一番の上達法だと考えます。言うなれば、基本の「型」作りです。先生から「型」を学び、自分の中に「型」を作る。それを経て自分流に「型」を破るのは自由。しかし誰にも教わらず、最初から自己流で行うのは危険です。ともすれば「型」なしになってしまいますからね。

「そんなに素晴らしい先生に出会えない」とお嘆きの方。ご心配なく。先生は私たちのすぐそばにいます。

本はとてもすぐれた先生です。世界中のあらゆるジャンルのエキスパート本は、あなただけの個人教師。気になるジャンルがあれば、本屋なり図書館なりに本の先生はいつでもスタンバイしています。

わたしはいつも本の先生に学んでいます。時々「あの本と、この本は全然言っていることが違う！」なんてこともありますが、どちらの答えが自分の正解となるのかは自分次第。ただ教わるだけでなく、それを基に思考することが、本当の学びだと思うのです。

書くということ

読むことと同じく、書くことが好きなわたしですが、何か書こうとする時、いつも悩みます。書くということは、たった一人での行為。暗闇の中、道なき道をひとりきりで歩くのと似ているかもしれません。どんな道を行き、どこへたどり着くのか、進んでみなければ何もわからない。そうした書く道筋について記してみようと思います。

まず書き始める前、自分の書きたいことをしっかりつかむ必要があります。これを怠《おこた》ると、書き始めても確実に筆が止まります。

書きたいことが決まったら、「書き出し」を考えます。小学生の頃、授業で作文を書いていた時から「書き出し」には随分時間を割《さ》きました。「書き出し」は、その後の文章にリズムを与えます。音楽でいうところの出だしの音ですね。

文章は「起承転結」が大事と言いますが、わたしは「起承転結」を半分くらいは意識して、あとは気にしない。それより大事なのは、文章を工夫すること。ここに書き手の人となりや、伝えたい気持ちが表れるのではないでしょうか。相手に自分の思いを伝える工夫は、文章の温度を上げ、読み手の胸を温めてくれる温泉のよう。

元来、自分の気持ちやイメージを伝えるのは、とても難しいことです。たとえば一枚の絵画。画家が描きたい色や線を表現できたとしても、絵画は環境や年月によって変化していきます。明るさや空間でも絵の見え方は変わるでしょう。

文章は、絵画のようにその形が変わることはなくとも変化します。文章も絵画と同じく、見たり読んだりする受け手がいて、初めて作品として完成するからです。つまり作者自身（わたし）も自分の手から作品が離れるまで、それがどんなふうに受け止められ、理解されるか、実のところはわからない。無責任なようですが、どうにもできない事実です。

人間は多様な生き物で、同じ文面でも読んだ人すべてに同じように理解されるとは限りません。時に誤解されて伝わる恐れもあります。それでも人間は書くことを続けてきました。先人たちが後の時代に生きる人々に、どうしても伝えたい事柄があったからではないでしょうか。

冒頭に書きましたが、わたしが書くことを好きになったのは、読むのが好きだったからです。書くことは、多様な人間の中に在る、小さな声を発信できる手段です。自分の思いや孤独を、文章にして伝えられます。また、文章を読むと、書き手を直接は知らなくても、自分と心を共にする存在がいると知ることもできます。

新聞には全国から多くの人々の声が寄せられています。そこには自分と同じ思いもあれば、まったく逆の意見もあります。誰かが書いた文章を読むのは、とても刺激的で楽しいもの。凝《こ》り固まりそうな自分の内面を、心地よくほぐしてくれ、新たな発見を促《うなが》してくれます。

読んだものから得たパワーは、書く気持ちを奮《ふる》い立たせてくれるのです。

効き目

最近、漢方生活を始めました。ちょっとした体調不良が重なったことがきっかけです。病院で診てもらうほどではないけど、なんだかすっきりしない。そんな微妙な症状でも重なれば気になるもの。少しでも改善できたら、と調べているうちに漢方薬にたどり着いたのです。

漢方医にこれまでの不具合や現在の状態などを説明したのち、症状に見合った漢方薬を処方していただきます。あとは「冷たい飲み物を取り過ぎないように」「規則正しい生活を送ること」など、日常生活で気をつける事項の説明を受けます。「食事はバランスよく適量に」「早寝早起き、適度な運動を」。漢方薬を朝夕飲む以外は、ごく当たり前の生活習慣を守ればよいのです。

最後に先生はおっしゃいました。

「漢方の効き目は、三カ月から半年後に出ると考えてください。体質改善が目的ですから」

病状そのものではなく、病状が宿る体の調子を整えていく、ということでしょう。

元来怠け者のわたしは、初めての物事（たとえば冒頭に書いた漢方薬）に出合うと、長く継続できるかどうかを考えます。ある程度の結果が出る前に途中で投げ出しては、それまでに使った時間が無駄になるし、やめた時に後悔にさいなまれるからです。

勉強もそうですよね。試験の前日にあわてて勉強しても、まったく身につきません。一夜漬けで良いのは、浅漬けの漬物くらいです。

これまでの積み重ねの結果が今の自分の体質であり、体を改善するには、これまでと同じくらい時間をかけて体調を整えていくしかありません。それには、良い習慣を身につけて、ひたすら繰り返すことが大事です。

読書は「習慣」と相性の良い言葉です。読書は習慣にしていれば、心に効き目があらわれてきます。毎日新しい本を読むのもいいけど、わたしは同じ本を何度も繰り返し読むことも、併せてお勧めします。

なぜ同じ本を読んで面白いの？　内容は変わらないのに――と思われるかもしれません。その通り、同じ本ならいくら読んでも内容は変わりません。だからこそ、読み手である自分の変化に敏感になるのです。

少しばかり今の自分には難解だな、と思った本も、毎日読むうちに、少しずつ理解が深まっていく。それは英語を理解しない子どもが、英語圏の国に暮らすうちに、いつのまにか英語をしゃべるようになるのと似ているかもしれません。

目の前にとてつもなく厚い本があったとしても、毎日少しずつでも読み続ければ、いつかは読み終えます。一冊の本を読み終えると達成感があります。その感覚は、読んだ者だけが感じられる喜び。感動は読み終わってからも胸に刻まれるでしょう。

人間は大人になると、体の成長が止まり、老化が始まります。しかし精神の成長はその命が尽きるまで続きます。読書習慣は、わたしたちの心の体質改善になります。心も体も、日々の積み重ねで作られるのですから。

寄り道

小学校の頃の帰り道は、家の近所に友達がいなかったせいもあって、たいてい一人きりでした。誰かとおしゃべりして帰れないのはちょっとさみしいけど、いつから下校時間はわたしにとって、至福の時となりました。

何といっても楽しいのは寄り道。行ったことのない道を探しあてては寄り道し、行き止まりにあたると引き返す。そうやって自分だけの通学路を発見する毎日でした。

やがて道探しに飽きると、今度は道の周辺に咲いている花を観察します。建設中の家の前を通って、完成まで毎日観察したことも。

観察の何が楽しいの？　と思われるかもしれません。

わたしは空想好きだったので、何事も物語に仕立ててしまう癖《くせ》がありました。花を見つけては「実はこの花は地球でただ一つの花で、どんな病気も治してしまう」という設定を考えたり、建設中の家は「この家の持ち主は、どこかの国の王様なのだ……」など、かなり無理やりな話を作ったりして、その物語の続きを考えているうちに、家にたどり着く。こうすると、帰り道に一人きりでもさみしくない。物語がわたしの友達代わりだったのです。

今は仕事で物語を書いていますが、最近、物語の持つ「力」について、よく考えてます。というのも、物語、小説があまり読まれていない、と聞くからです。

一口に本といっても、そのジャンルは多岐にわたります。フィクションにノンフィクション、実用本、写真集、中でも絵本はかなりのロングセラー商品で、親子三代にわたって読み継がれる作品もあります。

絵本には物語が描かれています。子ども時代は、絵本の中の見たこともない世界にドキドキ胸を弾ませ、想像してワクワクしました。

でも、大人になるにつれ、実用での本を読む機会が増えていきました。日常生活で何か知りたい時、たとえば冠婚葬祭にまつわる本。中に詰め込まれた情報は、コンパクトでわかりやすいという利点があります。わたし自身も実用本をしばしば利用したりします。

そしてふと思うのです。「便利で実用的な情報ばかりを追い求めるうちに、物語の価値が薄れてしまったのかも？」と。物語はすぐ実用に役立つものではありませんから。

一方で、本という物体、それこそが物語なのだ、とも言えます。

なぜなら本は読者に向けて作られます。著者と編集者、出版社は考えるのです。今、どんな本が求められているのだろう。そして、まだこの世にあらわされていない本とはどんなものだろう、と。

まだ見ぬ読者が欲している本を作ろうとすることに想像力は不可欠です。そして、本が作られる過程こそが、物語になるのです。つまりわたしたちが手に取る本には、完成するまでにそれぞれの物語があるということです。

どんな本も物語の集大成。そう思えば、また読み方や味わい方が変わるかもしれません。

読書神経

わたしが子どもの頃、もっとも苦手だった授業と言えば体育でした。足が遅い、跳び箱は四段以上跳べない。ドッジボールはいつも逃げ回って、最後にボールを当てられてアウト。たまたま用があって小学校へやって来た母は、運動場の真ん中で五段の跳び箱に尻もちをつく娘の姿を見て、こう思ったそうです。

「お母さんが代わって跳んであげたい……」

当然、体育の時間は憂鬱《ゆううつ》でした。すでに運動音痴《おんち》を自覚していたわたしは「読むだけで運動がうまくなる本があったらなあ」とぼんやり考えながら、運動が得意な学友たちをうらやましく眺めていました。

逆に、国語の時間は待ち遠しかった。漢字の書き取りはあまり得意ではなかったけど、読書感想文を書く時は、いつも何を書こうか、あれこれ想像を膨らませました。でも国語が苦手なクラスメートは「何を書けばよいのかわからない」と嘆いていました。

苦手な体育に得意な国語。どちらも一生懸命に取り組みましたが、結果（成績）は自分の得手《えて》不得手《ふえて》がそのまま反映されてしまいます。「好きこそものの上手なれ」の言葉の通りですね。好きなものはより上達し、そうでないものは、無意識に避けてしまう。そんなふうに体育（運動、スポーツ）を避けながら、わたしは大人になりました。

しかしある時、苦手だった運動に向き合わざるを得なくなりました。水泳、バイク（自転車）、フルマラソンの三種を行う競技「トライアスロン」。「鉄人レース」とも呼ばれるハードなトライアスロンの選手役で映画に出演することが決まったからです。

長く運動から遠のいていたわたしは「泳ぐ」「（バイクに）乗る」「走る」を基本姿勢から学び始め、約一カ月で目標をクリアしました。

教えてくださった先生の指導が良かったのはもちろんですが、トレーニングをする中で、ひとつコツがわかりました。それは「正しく苦しがる」ということ。

体育が苦手な理由は、運動が苦手だという苦しみに併せて、運動をやればやるほど苦しいという二重の苦しみがあったからです。でも、正しい呼吸法や筋肉の使い方を学んでからは苦しさ半減。代わりに、体を思い通りに動かす楽しさを知りました。

運動が体を動かすように、読書は想像力を働かせます。つまり、運動神経ならぬ「読書神経」が必要です。読書神経を身につけるには、良い本を読むのが一番。本屋や図書館に行くなり、人におすすめ本を尋ねるなり、まず自分から積極的に本と出合うことが、何より大切です。

読書も運動も「正しく苦しがる」もの。読書は頭も目も姿勢も疲れるし、難解な本に当たると途中で内容がこんがらがって「あーもう嫌だ」と投げ出したくなることだってあります。でも、根気よく本に付き合ってホンの少しでも面白さを感じられたら、疲れは吹っ飛びます。スイカの甘さが少々の塩で引き立つように、読む苦労は、読書の楽しさをより高めてくれるのです。

思春期

二〇一一年五月にお亡くなりになった俳優、児玉清さんの本『すべては今日から』（新潮社）を読んで、目を引いた文章がありました。それは児玉さんが中学二年の秋、徳田秋声《しゅうせい》の『縮図』を読んだというエピソード。文学少年だった児玉さんがいわゆる「春のめざめ」なるものを実感した当時の心境を記されています。その後『縮図』のヒロイン、銀子と同じ着物姿の女性を街で見かけると、胸がときめいて仕方がなかった！　と、ご自身を「自意識過剰少年」ととらえるあたり、コミカルかつ客観的で児玉さんらしいなあと思いました。そして同時に「本の読みどき」について考えるきっかけとなりました。

『縮図』は児童書でもなく、中学生に向けて書かれた作品でもないと思います。本はいつ、誰に読まれるか、まったくわからない。中学生だった児玉さんが偶然手に取った本は、思春期の少年に大きな衝撃を与えたことは間違いありません。

実はわたしにも覚えがあります。高校生のころに読んだ遠藤周作『砂の城』がそれ。戦争に行く初恋の相手、ゆえにかなわなかった恋。戦争も恋もよくわかっていなかったけど、ただ胸が震えました。以来何度も読み返し、何度となく「忘れられない青春の一冊」として『砂の城』を挙げています。

振り返るほど長く生きているわけではありませんが、それでも十代のころは特別な時期だったと思います。こんなはずじゃない自分、人にどう見られているか不安でたまらない自分。芽生えてきた自我に戸惑い、悩みました。自分の気持ちをうまく言語化できない苦しさ。今なら笑って「よくあること」と思えますが、その当時は切実に悩んでいました。

そんな時にすがるように読んだのが小説でした。『砂の城』もそのひとつ。「面白い」とか「わかりやすい」というものではないけど、自分と同じく「切羽詰まった感覚」が、本にはありました。読んでいる時だけ、自分のことをよく知っている人と話しているような気分になり、苦しさから解放されました。

わたしの好きな言葉に「ピンチはチャンス」があります。危機の時にこそ、なりふり構わず道を見つけようとする。それが岐路となる。ピンチはいい本に出合うタイミングです。

思春期という不安定な時期に出合う本は、一生涯忘れられぬ本になる可能性大。

十代のうちにできるだけたくさんの本を読んでほしい。

つまるところ本の読みどきとは、自分が読みたいと思った時なのだと思います。早熟な子どもの読書傾向を見ると、周囲の大人は「まだこの子にあんな本は早い」と眉《まゆ》をひそめるかもしれませんが、心配は無用です。なぜなら当人（子ども）の精神が早熟でも、本の内容や言葉（漢字など）によって、読むうちに本の方が読者を「まだこの本は早いですよ」と選別していくからです。子どもは自分を受け入れてくれるもの（本）とそうでないものの違いに、驚くほど敏感ですから。

外見か　中身か

先日、東京国際ブックフェアに行ってきました。日本最大のブックフェアは、一日ではすべて見きれないほど壮大！　八百あまりの出版社が出展し、新刊から希少本までズラリと並ぶさまは、本好きにはたまらない場。「本のお祭り」と言っても過言ではありません。

数日にわたって開かれたブックフェアの初日には、造本装幀《そうてい》コンクールの表彰式がありました。「読者代表」の審査員を務めているわたしは、早めにブックフェアを見て回り、夕方からの式典に参列しました。

ところで、このコンクールをご存じでしょうか？　実のところ、審査員としてお招きを受けるまで、うかつにも賞の存在を知りませんでした。

このコンクールは本の印刷、製本、加工技術、本そのものの美しさが審査基準となります。初めて審査会場を訪れた時は圧巻でした。候補となった三百点あまりの本が部屋いっぱいに並んで、「さあ、わたしを選んでくれ」とばかりに待ち受けていました。

審査員は本を一冊ずつ手に取って見ていきます。どの本も出展された方々の意気込みを感じるものばかりで、数点の受賞作を選ぶのに激論が交わされました。

表彰式には、多くの出版社、装幀者、印刷会社、製本会社といった方々が参列されていました。表彰されるのは、本の中身を作った著者ではなく、本の外見を作った方々なのです。

近年、電子書籍が大変な注目を集めています。電子書籍のメリットは、何か一つ端末機器を持てば、そこにたくさんの電子書籍を入れられることです。

実物の本を百冊持って歩くのは至難の業だけど、電子書籍は機器一つでＯＫ。画面の文字の大きさも自在に操《あやつ》れます。今後はコンテンツもどんどん増えていくと思われます。

個人的には、絶版になって古書店でも手に入らないような本が電子化されて読めるようになるといいな、と期待しています。

しかし、電子書籍は永遠に造本装幀コンクールに出品されることはないでしょう。本の外見は電子化されないからです。電子化するのは本の中身。電子書籍が「本の美しさ」を再現するのは、まず不可能です。

印刷や製本の技術が発達した結果、造本装幀の技術が進んだのと同じように、文字のデジタル化は電子書籍の発展を誘いました。

さあ、これだけ本がそろったのだから、あとは読者に読んでもらうだけ――。なのに、本を読む人は減る一方。娯楽が数えきれないほどある現代、仕方のないことかもしれません。

電子機器で読む、というスタイルの珍しさが本を読むきっかけになってくれたらうれしいし、本の見た目の美しさにひかれて、本を手に取ってくれたら素晴らしいと思います。

本にまつわるすべての技術が発展してきたのは「どうか本を読んでほしい」と願う人がいたからこそ。中身と外見。どちらも、作り手の思いが結んだ形なのです。

設計図

友人に誘われて東日本大震災の復興支援シンポジウムに参加した時のことです。そこで偶然出会った方から「もしかして中江さんですか？」と声をかけられました。わたしが以前出演した映画『学校』のアフガニスタンでの上映に携わった方だったのです。

アフガニスタンでの上映では字幕の翻訳に苦労したこと、わたしの演じた「不登校の生徒」という役柄の設定が伝わりにくかったこと（現地には学校に行きたくても行けない子どもが多かったので）などを伺いました。

それでもその方はおっしゃいました。「映画のラストの中江さんのせりふで拍手が起きたのですよ」

思いがけず、うれしい言葉でした。

『学校』は、一九九三年に公開された山田洋次監督の作品です。夜間中学を舞台にさまざまな背景を背負った老若男女《ろうにゃくなんにょ》の生徒たちが登場します。主演は西田敏行さん。映画は評判を呼び、その後シリーズ化されました。

撮影当時のわたしは十九歳。完成した作品は公開時に何度か見ましたが、自分の演技の未熟さばかりが目に入り、見返すことができないまま二十年近くがたとうとしています。

ふと、自宅の本棚に並んでいる『学校』（岩波書店同時代ライブラリー）を手に取りました。本には映画のシナリオが収録されており、表紙を開くと山田監督からの「素敵な江利子へ」というメッセージとサインがあります。「江利子」とはわたしの役名です。

読み始めると、自然に頭の中に音楽が流れてきます。『学校』のテーマ曲です。舞台となった下町の情景、都電の走る音。西田さん演じる黒井先生の後ろ姿が浮かんできました。先生の笑い声、困った声、足音まで頭の中で再生できそう。

しばらくして江利子が登場。江利子のせりふをどんなふうに言えばいいのか、迷い悩んだあの頃を思い出しました。

不思議なことに、今読みかえすと江利子のせりふが脳裏に聞こえてくるのです。それは演じ手のわたしの声のようでもあり、知らない人の声のようでもある。まさしくこれが江利子の声なのだ、と思いました。

俳優にとって、シナリオは最もよく読む本と言えるでしょう。シナリオは、場面、物の配置や人の動きを記すト書き、せりふの三つの要素でできており、人物の心情は描写しません。いわば建物の設計図。その図を基に立体的な映像が作られていきます。シナリオは、それだけでは完結しない、映像化されることが前提の本なのです。

わたしは今、脚本家としても活動していますが、シナリオを書く時には「シンプルであること」を心がけます。書きすぎると単なる役柄の説明になってしまうし、演じる俳優の想像力を縛ってしまう気がするからです。

俳優はシナリオを読み込み、そこに書かれていない部分を想像します。書き手、演じ手の想像力は映像になって、言葉や国を超え、多くの方に親しまれる作品となるのです。

久々に読んだ『学校』のシナリオ。少々気恥ずかしいけど、映画を見返してみようかな。

併読のすすめ

小学生の頃、学校で「自分の長所を書きなさい」と言われました。短所なら不器用、優柔不断などすぐ浮かぶけど、自分の長所なんてわからない。考えた末「根気強い」と書きました。

長所は短所の裏返しとも言いますが、わたしの場合もまさにその通り。何をやっても不器用だから、他人より時間をかけて取り組まなければならない。優柔不断ですぐに決断できないから、ゆっくりと考えて答えを出す。これが転じて根気強さになったのだとしたら、短所は長所のもとかもしれませんね。

読書でも、根気は強い味方になります。わたしは大抵の本は最後まで読みます。たとえあまり面白いと思えない本でも、一応最後まで読む。何かの縁あって読み始めたのだから、とことん付き合いたいし、最後の一行が面白いかもしれない、と期待するからです（この期待が裏切られるほど悲しいことはない）。

ところで時々、こんな質問を投げかけられます。

「本を買っても、どうしても最後まで読めないのです。どうしたら読めますか？」

根気強く読みましょう、と言うべきですが、実は根気なんてなくても大丈夫。併読すればよいのです。併読とは二冊以上の本を並行して読むこと。

「一冊でも読み切れないのに、何冊も同時に読めるわけがありません」と叱られそうですが、もう少しお付き合いください。

根気強く、最後まで本を読むと自負するわたしですが、多くの本を最後まで読み通すために、常に併読しています。

併読を始めたきっかけは、仕事で年間三百冊以上の本を読むようになったこと。それまでの読書量では追いつけない、と思い付いた苦肉の策でした。併読を始めたら、不思議なことに一冊ずつ読んでいた頃より、読書のスピードがあがり、どんどん読書量は増えていきました。

併読法は簡単。リビングで読む本、カバンに入れるお出かけ用の本、就寝前の本というように、場面や時間によって本を替えて読むだけです。

併読の良さは、本の内容に飽きてしまった時や、次の場所へ移動する時に、一旦本を閉じて次の本へ移り、時間が来たらまた次の本へ移る。そして最初の本へ戻れるところ。この頃になると、最初の本を新鮮な気持ちで開けるのです。

これが一冊の本だけを読むとなると、一旦内容につまずき、本を閉じてしまうと、再び読もうとしても、前のつまずきを思い出し、読むのが面倒になってしまう。結局読み切れない、という憂き目に遭《あ》うのです。読書の挫折は結構傷が深い。しかし、併読で読み通した時の達成感を味わえば、確実に次の読書へとつながります。

「併読して本の内容が混乱したりしませんか？」と気になさる方がいるかもしれませんが、そう心配されずとも大丈夫。あまりに似た内容（時代背景、テーマなど）の本の併読さえ避ければＯＫ。定食のように、味とバランスを考えて本を選ぶのが、わたしのやり方です。

今日こそゆっくり眠りたい

「少しでいいからボーッと過ごしたい」「今日こそゆっくりと眠りたい」。こんなふうに思う時は、疲れがたまっているのでしょう。

特に季節の変わり目は、気候に体を合わせようと、知らず知らずのうちに無理をしているのかもしれません。

疲れた時は、できるだけ休む。当たり前のことですが、やることが多いと休みを後回しにしてしまいがち。疲れのピークが来る前に、体はいろんなシグナル（ここが痛い、なんだかダルイなど）を送って知らせてくれるはずです。そんな体の声をキャッチして、早めにいたわってくださいね。

体が疲れたなら、きっと心も疲れを感じている。心の疲れは「ストレス」と呼ばれたりします。目に見えないストレスは、本人が気付かないうちにたまってしまい、ある日突然体にあらわれます。

わたしも以前は急性胃炎に悩まされていました。だいたい年に一度ほど、それも決まって里帰り中の年末年始に症状が出るのです。

ある年は除夜の鐘を聞いて数時間後、徐々に強くなる胃痛に耐えかねて病院に駆け込み、お医者様からあっさりと「ストレス性胃炎ですね」と診断されました。痛み止めの処置をしていただき、痛みから解放されホッとしたわたしは、どうすればストレスを解消できるかを聞くのを忘れて帰宅してしまいました。

疲れもストレスもためずに生きられたらよいのですが、なかなかそうはいかない。ならば上手に解消しましょう。

薬学博士の池谷《いけがや》裕二さんの著作『脳はなにかと言い訳する』（祥伝社）によると、ストレスを感じる環境に慣れるのが一つの解消法。場慣れすればストレスを感じるのが怖くなくなる。それと、自分なりのストレス解消の方法を持っていることも大事。

わたしのストレス解消法は、やっぱり読書。いくらストレスに慣れるのがよいとわかっていても、新しい仕事場や人間関係にそう簡単には慣れられない。だからストレスを感じたら、そっと本を開きます。手に取るのは何度も読んだお気に入りの本と、初めてのジャンルや作家の本。

何度も読んだなじみの本は長年の友達みたいなもの。よく知る人や物語に安心して心ゆだねられます。

初めての本は、初対面の人のよう。仲良くなれるかどうか、まったくわからない。最初は「どんな性格なのかな」「気が合うかしら」と身構えてしまう。でも少しずつ本に引き込まれると、新鮮な喜びに満たされ、これまで自分でも知らなかった自分を発見したりする。まるで心が一皮むけたような感じ。

本は一冊一冊が現実とは離れた別世界を作り上げています。さまざまな世界に気軽に触れることで新しい場に慣れやすくなる。読む場所、時間が自在なのも読書のよいところ。出先でちょっと本屋に寄り道すると、疲れていても自然とワクワク。あれ、ストレスはどこに行った！

心が疲れた時こそ、本を開いてみませんか？

伝え記される人

突然ですが「野口英世」といえば、何を思い出しますか？

何度もノーベル賞候補に挙がった細菌学者、千円札の肖像（科学者としては初めてだそうです）、特徴的なヘアスタイルも有名ですね。わたしにとっては子どもの頃、初めて手にした伝記の主人公でした。

この夏、野口英世の故郷、福島県を訪ね、猪苗代湖《いなわしろこ》のそばにある生家と記念館に足を運んできました。

英世が幼少期に囲炉裏《いろり》に落ちて、左手を大やけどしたエピソードはよく知られていますが、生家ではその囲炉裏も見ることができます。英世が医師を目指して上京する際、柱に刻んだ決意文「志を得ざれば再び此地《ここ》を踏まず」――志がかなうまでは故郷に戻らない、という強い意志を感じさせました。

当時の場所にそのまま残された生家は、貧しかった一家の暮らしを映し出しています。わたしが訪ねたのは夏でしたが、きっと冬は凍える寒さだろう、と想像しました。

記念館には、英世の母シカが渡米した英世にあてた手紙も展示されています。自分の不注意でけがをさせた英世には農業はできない、学問で身を立てられるように、とシカは身を粉《こ》にして働き、英世を学校に通わせました。英世は母の願いどおり医者として大成しましたが、ガーナで黄熱病の研究中に自らも病気にかかり、五十一歳で亡くなりました。

こうして英世の生涯を写真や手紙を交えて追っていくと、記憶の水面下から泡がぷくぷくと浮かんでくるように、昔読んだ伝記の内容が思い出されます。

改めて野口英世のすごさを知りました。

野口英世のみならず、子ども向けの偉人伝はたくさんあります。わたしが野口英世の伝記を手に取ったのは、たまたま教室に置いてあったから。休み時間に何の予備知識もなく読み始めました。

英世が手をけがしたときは、目を伏せたくなるほどかわいそうで、自分の手まで痛く感じ、母シカが英世会いたさに書いた手紙からは、シカの哀切の声が聞こえてくるようでした。

わたしの体験から言うと、子ども向けの伝記にはふたつの意味があります。ひとつは故人が残した業績を記すため。もうひとつは、その人がどんな困難を越えて生きてきたかを、読んで体感するためではないかと思うのです。

知識も経験もなかった子どものわたしには、英世がどんなにすごい人か、はっきりとわかりませんでした。でも英世が勉強に励んだこと、恩師や学友の援助を得て左手の手術を受けたこと、それをきっかけに医者を目指したこと、年老いた母の心配をし続けたことなど、偉人としてではなく、ひとりの人間としての姿に感動しました。また、自分と同じ年ごろと思えないほど強い心を持っていた英世少年を、ひそかに尊敬しました。

人は感動すると、自分の胸にとどめておくより、他の人に伝えたくなります。

人々の感動は伝記本という形になり、残されてきたのです。

古典の日

二〇一二年に、「古典の日に関する法律」が成立したことをご存じでしょうか？　十一月一日と定められた「古典の日」は、家庭、学校、職場、地域、さまざまな場所で文学や音楽、美術などの古典に親しむ環境づくりを促し、生活をより豊かに、文化的なものにしようという目的があります。紫式部が『紫式部日記』の中で『源氏物語』について初めて触れた日が十一月一日だったので、この日が「古典の日」となりました（祝日ではありません）。

簡単に言うと「皆さん、この機会にもっと古典に親しみましょう」ということです。

十一月は「古典の日」の他に、三日「文化の日」、二十三日「勤労感謝の日」などがあります。こうした記念日とは、過去の出来事を記念するだけでなく、その日に掲げた対象を、自分の中で改めて見つめ直すきっかけになる日だとも思います。では「古典の日」には何を見つめ直すか？　わたしとしては、やっぱり古典文学を見つめ直したい。

しかし、現在において「古典」をどう見直すのか。「古典」は自分たちが生まれるずっと前のものなので、何もかも知らないことだらけです。そして実際「古典」は「わかりにくい」。

わかりにくさの理由の第一は「言葉」でしょう。もともと、日本には文字がありませんでした。中国から朝鮮を経由して入ってきた漢字を使って、書き言葉としたのです。

ですから、昔の文章は漢字だらけ。単純に読みにくいし、その上、漢字の意味ではなく、漢字の音だけ使った「万葉仮名」など、何も知らない人が見れば、混乱するのも当然です。

そのうち漢字を崩したひらがなが生まれ、漢字の一部を省略したカタカナが誕生します。『源氏物語』『土佐日記』『徒然草』では漢字かな交じり文、『平家物語』では漢文と漢字かな交じり文が使われる。当時の人々が文字の使い方を工夫している様子が伝わってきました。

もう一つ「古典」がわからないとされる根本的な理由は、なぜ今「古典」なのか、という疑問かもしれません。

　誰もが一度は学校などで「古典」に触れるでしょうが、難しい勉強が嫌になると、学業が終わったとたん「古典」と縁を切ってしまう。これはとてももったいなく、さみしいものです。

「古典」は昔の人々が書いた随筆や物語です。それは一体、誰に向けて書かれたのでしょうか。わざわざ文字を輸入し、わかりやすく工夫しているところをみても、なるべく多くの人に読んでもらおうと書かれたのではないでしょうか。

　多くの古典文学に描かれているのは、人間のどうにもならない事象に対する心情です。人の心、自然災害、戦争、愛する人の死……。どれも共感します。人の気持ちは、千年たったからといって、そう変わるものではないのですね。

　時は違っても、同じ日本で生まれ暮らした人々の言葉は、千年の時を超えてわたしたちを励ましてくれます。生きることは苦しい。でも少しは楽しいこともあるんだよ、と。

ああ、もっと知りたい

「ゆく河の流れは絶えずして、しかももとの水にあらず」。この有名な一節、ご存じの方も多いでしょう。鴨長明《かものちょうめい》『方丈記《ほうじょうき》』です。

二〇一二年、京都産業大学むすびわざ館で『方丈記』執筆八百年を記念したシンポジウム「方丈記と鴨長明の世界~先人の知見から学ぶこれからの生き方~」が開かれました。その中のパネルディスカッション「方丈記は私たちに何を問いかけるのか」に、パネリストとして参加しました。

日本初の災害文学ともいわれる『方丈記』には、著者の鴨長明が見た火事、辻風、飢饉《ききん》、遷都、大地震が描かれ、東日本大震災後、注目を集めています。

災害についての部分にスポットが当たりがちですが、大半は鴨長明の自分史、生き方指南といってもいいかもしれません。そしてわたしにとって大きな謎を感じる作品でもあります。

パネルディスカッションの席で他のパネリストの先生方の話を聞くうちに、わたしの中の謎が大きく膨らんできました。その謎とは「鴨長明ってどんな人だったの？」ということ。

『方丈記』を読んでいると、長明さんの顔がぼんやり浮かんできて「ああ、もっと知りたい」という気持ちになります。

たとえば、長明が晩年暮らした、五畳半ほどの「方丈の庵《あん》」には、琵琶《びわ》や琴があります。和歌だけでなく、音楽をたしなんだ長明の感性は、随筆のリズムにあらわれているように感じます。

『方丈記』を読む時、わたしは音読しています。声に出して読みたくなる文章なのです。

先ほど『方丈記』は鴨長明の自分史、生き方指南と書きました。自分を客観的にとらえ、方丈の庵にこだわり、楽器を手放せないことを記しています。つまり長明は自分の中に残る物欲に気付いているのです。そして、そんな自分自身を戒めたいという思いがあるように感じます。

長明は出世から遠のき、帰る家をなくし、人里離れた場所に建てた小さな庵で隠とん生活をしますが、迷いこんできた子どもと親しくなり、一緒に山を歩いて遊びます。長明が楽しそうで、ホッとする場面です。人との交わりを避けようとする一方で、人との交わりを強烈に求めていたのではないでしょうか。

もちろんここに書いた鴨長明像は、わたしの想像上の人物です。本を読んだ人の数だけ、鴨長明像はありますし、だからこそ、自分以外の人がどんな長明像を浮かべたのかを知るのは面白い。

わたしのように、本文に書かれていない部分を想像しては「長明さんは悟っていないところがいいんです」「いろいろ大変な思いを経て、これを書いたのですね」と学生時代の恩師ぐらいに近しく思うような人もいます。

本から想起するイメージには限りがありません。読めば自分の中で謎が生まれ、その答えを探すために読み進むのです。

『方丈記』は四百字詰め原稿用紙二十枚あまりの分量。声に出して読みながら、自分だけの長明像を探してみませんか？

収まりきらない

年末といえば、やっぱり大掃除は欠かせません。特に、あらゆるものが詰まっている仕事部屋を片付けないと、今年が終わらないような気がしています。

わたしは普段、仕事部屋にあるパソコンでこの文章を書いて（正確には打って）いて、パソコンデスクには、資料の紙やら付箋《ふせん》やらが散らばり、モニターが隠れない程度に本が積まれています。

振り返って部屋を見渡すと、壁一面を占める本棚にはギッシリと本が並んでいる。そこに収まりきらない本はとりあえず床に積んでいます（収納方法が決まるまでの暫定置き場のつもり）。

デスクを離れて本たちを眺める。「この本もあの本も、今年読んだ本だ」。ふと手を伸ばす本は、今年一年の中の数時間（あるいは数日）を分かち合った友。わたしを癒《い》やし、楽しませ、考えさせてくれた仲間たちです。

そしてここには「友だち候補」もいます。それはまだ読んでいない本、いわゆる

「積ん読」本です。

「読もうと思って買ったけど、まだ読めていない」「知人に勧められたけど、まだ数ページしか読めない」。こんなふうに「積ん読」は増えていく。いつのまにか、本の山が部屋のあちこちにできている。掃除がしにくいったらありませんよね。「読まない本を買って無駄遣いした」と後ろめたくなり、読書する気力を失ってしまう、なんて話を聞きますが、そういう方にぜひお伝えしたい。

「積ん読」本と「積んでいるだけの本」はまったく違います。両方未読であることは同じ。しかし「積ん読」本は、いつか読むつもりの本。本を買った時の自分が、未来の自分に読ませたいと思った本です。投資本と言ってもいいかもしれません。

だから、今読まなくても、いずれ読むのだから、後ろめたくなることなどありません。むしろ、堂々と本棚に並べてみることをお勧めします。読んだ本を本棚に並べる楽しみというのはありますが、これから読む本を並べておくのも素敵です。

わたしは本屋さんや図書館の本棚を見るのが好きです。未読本の背表紙は、読書という果てしない旅へと誘《いざな》ってくれます。世界は未読本であふれている。この世にあるすべての本を読んだという人はいません。本の専門家でも、一生で読める本の数は、現存する本の数には到底追いつかないでしょう。だから本との出合いは人との出会いと同じ。偶然でもあり、必然でもあると、わたしは思うのです。

誰でも勉強のために必要な本はすぐ読みますが、実はそれ以外の一見無駄と思われる読書こそ、本当の教養を培《つちか》ってくれる。そう、積ん読本は無駄じゃない。

自分の未来を作るのは、自分自身。今、目の前に積んでいる本は、いつかなりたい自分なのです。大掃除を機会に、積ん読本を再チェックしてみましょう。もしかしたら来年の目標となる本が、すでにそこにあるかもしれませんよ。

随処読

地下鉄で見た光景のお話。

ほどよく混み合った車内。座席に座っている乗客がそろって下を向いて、指を素早く動かしている。そう、皆さん携帯電話の操作をしているのです。

こういうさまは特に珍しくありませんが、近年、東京の地下鉄では電波が届く区域が広がったので、格好の携帯チェック時間になったのでしょうね。

わたしは電車での移動中は、なるべく本を開くようにしています。なぜなら、電車の移動時間は、読書するのにぴったりな時間だからです。せっかくの電車移動、携帯をいじって終わってしまったらもったいない。

電車で移動する時だけでなく、外出して読むのも好きです。用事がなくても、ちょっと近所まで外出して読書することもあります。外での読書は、家にこもって読むのとは違う良さがあるのです。

どういった場所が読書に向くのかといえば、まず適度に人に囲まれている環境であること。人に囲まれていることで、集中力がより高まる気がします。

わたしは子どもの頃、茶の間で家族の気配を感じながら宿題をするのが好きでした。家族に見守られている安心感と、他人から見られている緊張感が、集中力を高めてくれたように思います。

そういう意味で、電車内は格好の読書場所。多少の雑音も耳に入らないほど集中して読めるし、旅行などで移動が長い時は、事前の本選びも旅の楽しみのひとつ。難点をあげるなら、集中し過ぎてたびたび降りる駅を通過してしまうことでしょうか。

他に気に入っている読み場所は、カフェや近所の公園。気持ちがすっきりしない日や、体がなまっている時など、本を抱えて散歩がてら、なじみのカフェや公園へ向かいます。

そこに集まる顔ぶれは、女子高生、子ども連れのママたち、背広姿の男性、ご近所らしい老夫婦など、みんなそれぞれの時間を楽しんでいる。ここにいる人々は知り合いではないし、誰も邪魔しないし干渉しない。お互いに時間を有意義に過ごす仲間みたいなものです。そういう場で読書すると、子どもの頃とはちょっと違う安心感と緊張感を味わえるのです。

外で読む利点は、他にもあります。ある日の昼時の中華料理店で、隣り合った妙齢の女性客、たたずまいのきれいな人です。料理が来るまでの間、女性は文庫本を開いていています。読んでいたのは谷崎潤一郎の『細雪《ささめゆき》』でした。他人が読む本は不思議と魅力的。家に帰って早速『細雪』を読み直しました。

こんなふうに、全く他人の読書に刺激を受けるのも、外での読書ならではのもの。多くの方に実践してもらうことで、他人に読む気を起こさせる。読書の楽しみが広がるわけです。

中国の昔の言葉に「随処楽（ずいしょにたのしむ）」というものがあります。意味は「至る所で楽しむ」。どんな場所でも楽しみを見つけられるのは、結局、自分の心のあり方です。わたしの場合は「随処読」。どこでも読むことができる、それこそがわたしの「楽」。「随所読」、ぜひお試しくださいね。

変わらないこと

二〇一一年三月十一日、外出先で大きな揺れを感じました。東日本大震災です。東京の交通機関はストップ。大渋滞の道路を横目に、数時間かけて歩いて帰宅しました。

玄関の扉を開いて最初に確認したのは仕事部屋。幸い、本棚は倒れていませんでしたが、本棚から飛び出した大量の本が床一面に散らばっていました。もし、あの揺れの中ここにいたら、本が凶器になっていたかもしれない、と想像して震えました。

しばらくして、わたしは床に散らばった本の中から、読みやすくて、楽しい気持ちになりそうな（そして状態の良い）本を選んで被災地に贈りました。一時期、ある書店が本を収集、寄贈していた企画に参加したのです。こうして本を選びながら、本棚の元の位置にポツポツと収め始めました。

あの大地震のあと、余震が続いたこともあって「また飛び出したら怖い」と、手つかずのままだった本。床が現れるのと同時に、本棚にカラフルな背表紙が並んでいきました。書店や図書館の本棚のように新刊や未読の本が並ぶのとは違う、自分で集めた愛読書が収まったなじみの光景。見ているだけでホッとしてきました。

こうして書いていると、本とは不思議なものだと思います。究極的に言うと、本は「印刷された紙の束」のはず。その用途は読み物です。それなのに、状況によっては本が凶器に思えたり、誰かへの贈り物になったりする。本があるだけで、そこが憩いの空間になったりする。

このように、本は持ち主によってどのようにも使えるものです。本は「紙の束」という商品であるのと同時に、気持ちを込めるアイテムであり、花や絵画みたいに飾って楽しむインテリアでもあるのです。

読み物としての本は、インターネットや携帯電話といった新しい勢力に押されがちです。しかし、近年広がっている電子書籍を見ると、デジタルならではの良さ(薄い機器に大量の情報が収まる)は生かしつつ、「どこまで紙の本を読むスタイルに近づけるか」ということにこだわっているように思います。

子どものころ、二十一世紀には自動車は空を飛んだり海の中を潜《もぐ》ったりしているかも、と想像しましたが、現実はそんなことはなく、自動車の基本的な形は変わっていません。もちろん、デザインや機能はどんどん良くなっているのでしょうが、基本形はずっと以前に完成されていたと言えるでしょう。

それは本も同じ。製本技術や紙の質は良くなっても、本そのものの形はそれほど変わっていません。この先も、それほど変わらないと思います。

読んで、飾って、プレゼントして、と、持ち主によって本の用途はどんどん変わります。しかし、本そのものは「変わらない」。過去から現在に何かを伝え、今を未来に伝えるのは本です。

本が収まった本棚を眺めながら思い起こします。変わらない本の存在が、これまでも大きな変化に戸惑う人々をなぐさめ、勇気づけてきたことを。

三つの「力」

書店に並ぶ本の中に「○○力」という、題名に「力」のついた「力本」（勝手に命名しました）をよく見かけます。

最近のベストセラー本にも『聞く力』『別れる力』があります。少し前ですと『悩む力』『判断力』。『鈍感力』や『老人力』といった本も話題になりましたね。

なぜ、本の題名には「力」がつくものが多いのでしょうか？

多くの読者が本に対して、何らかの「力」を求めているのかもしれません。こうした「力本」の効能は、疲れている時ほど感じられる。心の栄養剤みたいですね。

読書とは、もともと「読書力」という「力」の必要な行為です。読書力とは、言うなれば「持続力」「集中力」「想像力」の三つの力が合体したもの。三つの力をバランス良く使うことが、良い読書につながるようです。

これだけの「力」が必要な読書ですが、体力はそれほど使いません。運動嫌いの人にはもってこいかもしれませんが、世の中には「力」が有り余っている体力自慢もいらっしゃるかと思います。

そこで、余った体力を使った読書方法のご提案。ズバリ、好きな本を朗読するのです。

朗読するには、まず立ち上がりましょう。椅子に座っていてもできますが、立った姿勢がお勧めです。背筋はなるべくまっすぐに伸ばします。

わたしが昔習った発声法では、大きい声を出すのではなく、声が遠くに届くように出す。口元に透明のメガホンがある、とイメージしてください。

さあ、準備完了。お好みの本を開き、一ページ読んでみてください。あ、あわてず、ゆっくりとしたペースで。まず息を吸って、はいどうぞ!

……どうですか？　けっこう疲れませんか？

ポイントは呼吸法です。文の区切りでしっかりと息を吸うと、より効果的です。

わたしは好きな本以外も朗読することがあります。例えば難解な本。じっと読んでいると睡魔に襲われる(!)手ごわい本も、朗読すれば絶対眠くなりません。そのうえ、声を出すという刺激が脳を活性化するのか、黙読するよりも、ずっと頭に入ってくるようです。

講演に行くと、自分の作品を朗読することもあります(言いよどんだり、詰まったりするとみっともないので、練習は必須！）。朗読とは、平面に書かれた文章を立体的に立ち上げるような作業。自分の体を楽器に見立て、声という音で楽譜ではなく文章を奏でている感じです。

朗読は、上手になめらかに読むより、体全体を使えているか、心が動いているかが重要です。心の状態は見えませんが、声に出すと文章に感情移入しやすいですし、朗読している時にはわからなくても、読み終わってから心地よく、爽快な気分になっていれば、心が動いていた証拠です。

朗読は、体力を使うのと同時に、三つの力を合わせた「読書力」もつけてくれるという、まさに一石二鳥の読書法なのです。

子ども図書館

美術館に博物館、動物園がある場所といえば上野公園。お休みの日に家族連れでお出かけになる方も多いかもしれません。

子ども連れの方にぜひ立ち寄ってほしいのが、国立国会図書館国際子ども図書館。日本で唯一の国立児童書専門図書館です。

正面の外観は、旧帝国図書館時代の建物をできるだけ生かしたれんが造りの明治期洋風建築です。中に入ったらまずは三階へ。驚くほど高い天井。デザインの凝ったシャンデリア。漆喰《しっくい》仕上げの壁、天井、壁の装飾が素晴らしい。この重厚な空間で本を読める、そう思うだけで気分が高まります。

子ども図書館には、国内外から集められた児童書や関連資料が所蔵されています。わたしが訪れた時は「日本の子どもの文学」という展示会が開催中で、児童雑誌の先駆と言われる『赤い鳥』、宮沢賢治生前の唯一の童話集『注文の多い料理店』など、今は手に入らないだろう貴重な児童文学の原本が展示されていました。

もちろん、現在も入手可能な本も。矢玉四郎作・絵『はれときどきぶた』を見つけた時は思わず「な、懐かしい！」と声が出ました。主人公の少年が書いた明日の日記「お母さんがエンピツを天ぷらにする」「明日の天気ははれときどきぶた」……。デタラメなことが現実に起きてしまう奇想天外なストーリーに夢中になった子ども時代を思い出しました。

教科書に載っていた新美南吉《にいみなんきち》『ごんぎつね』、あまんきみこ『ちいちゃんのかげおくり』など昔読んだ本から、あさのあつこ『バッテリー』、森絵都『カラフル』など、大人になってから読んだものまであります。

二階に移動して、世界の児童書が収められている第二資料室へ。入ってすぐの展示棚には、世界各国で出版されたトルストイ作『おおきなかぶ』がズラリ。日本語、英語、ロシア語、タイ語……。同じ言語でもアメリカとイギリスでは絵が違うし、ストーリーも国によって微妙にアレンジされています。日本でかぶといえば白色ですが、世界では黄色が主流のよう。あらゆる違いが興味深いです。言葉がわからなくても、絵本なら通じるものがあります。

初めて知る本、懐かしい本がたくさんある子ども図書館をめぐりながら考えたのは、子どもの時に本の面白さに魅せられて、夢中になって読んだ経験が、今の自分を作っているのだ、ということでした。

大人になると忙しさにかまけて、ゆっくり読書する時間をなくしてしまいます。でも、子どもは、何より自分のやりたいことを優先する生き物。好きな本を飽きずに何度も読み返すのも、時間を忘れて読み続けるのも子ども。読書への欲求に忠実な子どもの頃に戻った気分でした。

子ども図書館は、子どものためだけではなく、大人を子どもに戻してくれる場所でもあるのです。

II

読書日記

2011〜2014

この読書日記は、「週刊エコノミスト」で連載したものです。主にビジネスマンが読む雑誌ということで、好きな文芸書だけでなく、ノンフィクション、ビジネス書、新書などにも手をのばして読みました。おかげで普段はなかなか開かない本にも出合えました。

ルーツを探して

○月△日　ベッド回りには、読みかけの本、まだ読んでいない本、もう読んでしまった本が積んである。時々整理するのだけど、いつのまにか再び本の柵に囲まれている。この柵の中で読書するのが至福のひととき。昼間の嫌な出来事も、明日何が起こるかわからない不安も、この本の柵の中にいれば、しばし忘れられる。

『コンニャク屋漂流記』（文藝春秋）は、今ひそかに流行《はや》っている（らしい）ルーツ探しがテーマだ。著者の星野博美さんは下町の工場の娘である。しかし祖父の実家は漁師で、なぜか「コンニャク屋」という屋号を持つ。星野さんは屋号「コンニャク屋」の謎を追って、祖父の手記や親戚の元を巡って話を聞き、自分のルーツを探していく。

東京・五反田から千葉の外房、紀州・和歌山にまで及ぶルーツ探しは、どことなくのんびりとした旅の風情《ふぜい》がある。そこに突然小林多喜二や宮本百合子といった名前が出てきて、ドキッとする（ちょうど大学でプロレタリア文学について勉強中だった！）。この本には縁があるのかもしれない。

四百年前の江戸時代が「自分に直結する時間」という記述に至ると、その壮大な家系の末端にいるのは、星野さんだけではなく、わたしたちもまたそうなのだ、と気づく。

読み進めるうちに、冒頭にある家系図を照らし合わさずとも、星野一族の名前と経歴が一致してきた。会ったこともない星野家の面々が、自分の親戚みたいに思えてくる。自分のルーツを面白く読ませてしまう手腕に脱帽した。

振り返って、我がルーツを探ろうにも、祖父母は亡くなり、親戚たちとも疎遠になっている。それとも「過去なんか振り向かんでええ」という先祖の声なき伝言なのかも。

○月△日　アメリカに住む友人にメールをする。八歳年上の彼女は、わたしにとって姉のような存在である。彼女と知り合ったのは、わたしがある番組に出演していた時。彼女は番組スタッフのひとりだった。

番組登板の間、うまく立ち回れないわたしを、彼女は叱咤激励《しったげきれい》してくれた。結局力不足で番組を降板した。やがて彼女も番組を離れたが、付き合いは続いている。

仕事柄知り合いはたくさんいる。知り合いは決して友人ではない。友人とは、苦しい時期を支えてくれる人だと、この時わかった。

福澤徹三著『東京難民』（光文社）を読んで、心底ゾーッとした。私立大学三年生の青年が、突然学費未納で大学を除籍になる。故郷の両親は行方《ゆくえ》不明。お金も家もなくなった青年を待ち受けるのは大都会東京での「難民生活」だった。

夜に読み始めた本書だが、あまりの怖さに眠気が覚めてしまうので、すぐ本を閉じてしまった。しかし青年のその後が気になって、昼間にそっと本を開いては、その行方を見守っていた。

テレアポ、ティッシュ配り、チラシ配り、日雇い作業員と転々と職を変えながらネットカフェ生活をする青年。親の仕送りでのほほんと暮らすお気楽な大学生だった彼があっという間に、貧困層へと転落していく。友達も恋人も失い、孤独の極みに陥る。読みながらふと、なんでこんなに怖い物語を書いたのだろう、と作者の意図を考えた。

国家と家族と企業。この3Ｋのうち、これまで個人を主に支えてきたのは家族と企業であった。近年は核家族化が進み、親にパラサイトしようにも共倒れする可能性がある。企業は「椅子取りゲーム」だ。どの椅子に座れるかは死活問題。椅子を取りそこなった者は永遠に座れず、ただ立ちつくしてしまう。どう考えても、今の社会には椅子の数が足りない。つまりどこにも避難場所はない。

怖さに耐え（読みだしたら、一応最後まで読むようにしている）読んでいたら、最後近くに物語の核が見えだした。本書は、リアルに怖すぎる現代のおとぎ話なのかもしれない。

青年は豊かになりたかった。でも豊かさとは何だろう？　住まいがあること？　ご飯が食べられること？　心通う家族がいること？　いや、お金か？

読後は、妙にすがすがしい気分になった。あんなに怖かったのに。

青年の環境と比べようもないが、いつぞやのわたしを、支える手があったことを、ありがたいと思わずにはいられない。

○月△日　NHK・BS『週刊ブックレビュー』の収録日。本日の書評ゲストのおひとりに、ノンフィクション作家の梯《かけはし》久美子さんがいた。『週刊ブックレビュー』には司会者が四人いて、週替わりで担当している。梯さんは昨年度まで司会を務めておられた。久々の再会。収録前に少し立ち話する時間があった。今年（二〇一一年）五月に亡くなった司会陣のおひとり「ミスターブックレビュー」こと児玉清さんについて、梯さんが書かれた追悼文の感想をお伝えする。「児玉さんは、まだどこかに居るような気がする」と梯さん。わたしもそう思います。限られた時間であったが（しかも場所はお手洗い！）お話しできてよかった。

二〇一〇年に亡くなった作家・佐野洋子さんは、がんに罹患《りかん》されてから、死を前にしたエッセイを執筆した。『死ぬ気まんまん』（光文社）、素晴らしすぎるタイトル。六十八歳でがんが再発し、余命二年を宣告された佐野さんは記す。「七十前後はちょうどよい年齢である。まだ何とか働け、まだ何とか自分で自分の始末はできる」

わたしにとって、死はまだ遠い。何の保証もないのに「明日はたぶん来る」と思っている。しかし死が遠いなんてことは単なる思い込み、希望的観測だ。東日本大震災でどれだけの人が亡くなったか、考えれば自明である。

生まれれば死ぬことはわかっているのに、自分の人生の最終地点をしっかり見つめることは難しい。はっきり言えば怖い。佐野さんは言う。

「その時にならないと、わからないのだ」

そっか、いくら怯《おび》えたってどうしようもないな。その時にならないとわからないのだから。

この本は闘病記ではない。惜しまず、振り向かず、人生を生ききった佐野さんの記録であり、記憶。

佐野さんに会いたかった。だけど会うと怖そうだ。でももう会えない。仕方がない。もっとたくさん佐野さんの本を読もう。

物語の神様に救われる

○月△日　上野駅から特急列車に乗り、揺られること約二時間。たどり着いた駅から、車でさらに山の奥へと四十分強。着いた先は群馬県の四万《しま》温泉。豊富な湯量を誇る名湯。亡き児玉清さんが少年時代、疎開した場所である。

全室四万川に面している宿にチェックインし、部屋でお茶とお菓子を頂いてから、露天温泉へ向かう。一泊二日の温泉旅行で、お風呂に入るのは三度が適当だそうだ。いくら気持ち良くても温泉の入りすぎはよくない、と聞いたことがある。この旅一度目の入浴を済ませ、浴衣《ゆかた》に着替えてリラックスしてから、旅行鞄に忍ばせておいた本を取りだした。

佐貫亦男《さぬきまたお》著『不安定からの発想』（講談社学術文庫）。すでにパラパラと拾い読みしていたが、あらためてここ四万温泉で読もうと持ってきた。本書は、ライト兄弟以前の飛行機先駆者たちの挫折と失敗がつづられ、ライト兄弟だけが成功者の資格があったと断定する。乗り物の中で最も安定を必要とされる飛行機は、ライト兄弟の不安定からの発想によって生まれたものであった！

翻《ひるがえ》って、安定とは無縁の仕事を始めて二十年以上たつ。しかし不安定だから、何事にも挑戦してこられた、ともいえる。ライト兄弟だって安定に安住しなかったから、未知の場所へ飛べたのだ。まさに命がけで、自分たちの発想の正しさを証明した。

たとえていうなら誰だって不安定な人生を突き進む飛行機の操縦士である。ほんの少し前まで、わたしの人生のずっと先には児玉さんがいて、広大な空を、自由に華麗にスイスイと飛んでいるように見えた。でも児玉さんも元は悩める操縦士だったのだろう。

本書は、児玉さんの愛読書だった。

○月△日　突発性難聴を発症して、数週間がたつ。十一年ぶりの再発。突発性難聴とはある日突然、片方の耳が聞こえにくくなり、耳鳴りやめまいなどが伴う場合もある。しかしこの病気は再発しない、と言われている。では、この耳の状態は何なのだろう。薬の副作用で顔は腫《は》れ、耳鳴りが激しく何も手につかないというのに、ちゃんとした病名はない（暫定的に突発性難聴と呼んではいるけど）。落ちこむ一方だ。救いようのない自分を何とか救おうと、本を開いた。

ほしおさなえ著『夏草のフーガ』（幻冬舎）は、書き下ろしのミステリーである。震災後、三月十一日が描かれた小説を読むのは、初めてだった。

主人公の夏草はあこがれの私立中学への進学が決まった。その直後、東日本大震災が起こった。小学校の卒業式は予定通り行われたが、夏草は地震の前の世界が、もう消えてしまったように感じている。

夏草の目に映った震災は、もちろん小説内のことだが、ノンフィクションやルポを読むよりも、わたしにとって、もっともリアルに迫ってきた。

この物語は、震災がテーマというわけではない。舞台は東京で、目に見える被害もない。中学一年の夏草に起こるさまざまな出来事――両親の別居、せっかく入った中学校での失敗、そして突然倒れた祖母のこと――祖母は目を覚ますと、自分は夏草と同じ中学一年だと言い張るようになる。夏草と同級生となった祖母は、ある日、自分の疎開体験を語り始める。

「街が前と全然変わってしまったのを見て、辛かった。たしかなものなんて、なにもない気がした。世界はほんとはこういうなにもないところで、街や道はただその表面を覆《おお》っているだけ。簡単に剝《は》がれてしまう」

疎開から戻ったばかり（のつもり）の祖母と、震災後の夏草が共有するのは、たしかなものなど何もない、という思いだ。

小説とは、日常の喪失と変換が描かれるものだと思う。夏草の祖母の言葉でいえば、何もないところに、街や道を貼ったり剝がしたり、人を置いたり取り除いたりする。それを行うのは、小説の創造主である作者。作者は物語の唯一の神だ。

ふと想像する。この世界にも、わたしたちを見ている神様がどこかにいる。神様大国日本は、川や海、風、雷、かまどにトイレ、あらゆるところに神がいるとされる。神様はわたしたちの行いをジッと見ている。誰かが心の中で必死に神頼みしているのも知っていて、さてどうしようか、と考えあぐねている。

夏草の祖母は、神様の存在を信じようとしていた。たしかなものなど何もない、と一度感じてしまった故、神様を信じきることが出来なかった。しかし彼女は神ではない、他のたしかなものに気づく。その時読んでいるわたしの中の、たしかなものが疼《うず》いたような気がした。いつしか苦しかった耳鳴りを忘れて、泣いた。

小説は言うまでもなくフィクションであるが、常に現実から投影されたものである。現実世界では見落としてしまう思いが、影となって物語に映し出される。震災を経て、みなそれぞれに、自分だけのたしかなものを探しているように感じる。小説には、たしかなものを探す道標がある。

○月△日　第百四十五回の直木賞候補になった高野和明著『ジェノサイド』（角川書店）を読む。帯には十六万部突破の文字が躍り（現在はそれ以上かもしれません）、信頼するライターや作家のコメントもある。本屋でも平積みされていた。まさにベストセラー本。

実はベストセラー本をあまり読んでいない。それには理由がある。一日に発売される本が二百冊を超えるといわれる中、ほとんどの本は売られていることも知らないうちに本屋から消え、やがて絶版になっている。ベストセラーとは、その運命を免《まぬが》れた幸運本だ。多くの人に読まれ、愛される。それならば、運は悪いけど、中身は良い本を絶版の危機から救いたい（なんて、それらしいことを書いたが、単に読まずに過ごしてきたベストセラー本を、今更読むという、ちょっとした気恥ずかしさがあることを告白しておきます）。

でも本書のことは、気になっていた。はたして読んだところ、「なぜ早く読まなかった！」と、自分を叩きたくなった。海外ミステリー好きの児玉さんが読んでいたら大興奮したに違いない。

壮大なスケール、だけど決して大味にならない。人間の心の襞《ひだ》、良心が丁寧に描かれている。

日本には、こんなにすごい物語の神様がいて、わたしたちを楽しませてくれるのだ。

母子相克《そうこく》——あまりにも濃密な

○月△日　人と話していて、自分の家の変なところに気づいた経験がある。たとえば家族の間だけで通じる言葉。

写真のネガからプリントすることを「焼き増し」と言うが、我が家では「焼き回し」と呼んでいた。焼いた写真を人に回す（あげる）から「焼き回し」。わたしも高校生まで何の疑問も抱かずこの言葉を使っていた。

真実を知った時、間違いを伝授した母に事実を話したが、いまだに「こないだの写真、焼き回ししといてや」と頼まれる。しかし母の言葉は、わたしに通じている。だから何の問題もない(ネットで調べてみると、我が家と同じ間違いをしている人、結構いるようです）。

こうした言葉だけでなく、食習慣から洗濯物の畳み方まで、自分の家ではごく普通だと思っていたことが、他とは違うなんてことはいくらでもある。家族とは単位の小さい国家のようなもの。お国柄は違って当たり前。「家族国」の民は血縁関係だが、ひとりひとりは個人である。

信田《のぶた》さよ子著『さよなら、お母さん　墓守娘《はかもりむすめ》が決断する時』（春秋社）の副題にある「墓守娘」とは、「過干渉の母親をもつ娘をさす造語。子どもの人生に口を出し、果ては『介護は当然』『将来は自分の墓を守れ』と言い募る母親がいることから名付けられた」と、著者は解説する。臨床心理士としてアルコール依存症や摂食障害、ＤＶなどに悩む人々のカウンセリングを行ってきた著者は、母娘間に横たわる問題に注目する。

自分にはかなわなかった自立を娘に促《うなが》し、人生のすべてを「娘のため」に尽くす母。いざ成長した娘が母の元を離れようとすると、娘のスカートの裾《すそ》を踏みつけるように、そばから離さない。娘は母親のダブルバインド（二重拘束）に戸惑うが、自分のために頑張ってくれた母から離れることを罪だと思ってしまう。一見仲良し母娘、実は母が娘の人生を乗っ取り、同化しようとする例だ。

多くの親は子どもに干渉する。幼いうちの「しつけ」としてなら一定の効果を発揮するだろう。しかしこの本に登場する母親は、娘の人生の伴走者となり死ぬまで干渉し続ける。娘は自立できず、母の犠牲になる。

家族国を支配する母から墓守娘が救われる道はただひとつ。母の娘を卒業することと、と著者は説く。母もまた娘の母という立場から卒業しなくてはならない。

家族の絆は美しい。しかしその絆は、家族を縛る鎖にもなりうることを忘れてはいけない。依存ではなく、共存する家族国なら、誰も居心地抜群だろう。

○月△日　「類は友を呼ぶ」というが、本は本を呼ぶ。金原ひとみ著『マザーズ』（新潮社）も母と子の小説。主人公は三人の若い母親だ。同じ保育園に子どもを預ける母親たちは、それぞれに問題を抱えている。薬物中毒、乳児虐待、不倫の末の妊娠――これらは行きつくところまで行き、公《おおやけ》になればテレビや新聞で見聞きする事件となる。しかし事件未満の状態にいる彼女たちは、孤独と焦燥の中で二十四時間三百六十五日待ったなしの子育てに勤《いそ》しんでいる。

瞠目《どうもく》するのは、密室育児に疲れ果てた母親が、思い通りにならない乳児に手を上げる場面だ。わたしはその時、加害者たる母親の気持ちに共感した。そんなふうに共感した自分に驚いた。絶対的弱者の乳児を虐待するなんて考えられなかったのに。

育児マシンのように生き、誰にも人としての尊厳を認められない、ダメな母親としてレッテルを貼られ、罪悪感を抱き続ける。身体が乾ききったぼろ雑巾《ぞうきん》のように思えて、寝不足と過労でフラフラ。そのことを誰にも理解されない悲しみ。

そんな母親たちをさらに苦しめるのは、世間の母親に対する視線だ。仕事ならまだしも、道楽で子どものそばを離れる母親へ注がれる目は冷たい。子が三歳までは母親がそばにいるべき、という三歳児神話も息づいている。

彼女らは子どもを愛している。母としてのたしかな幸福を感じている。しかし幸福は長く続かない。楽しい育児なんて幻想だろう。そんなささやかな幸福を求めて、子どもを育《はぐく》む母親たちがいじらしく思えてきた。

母親は万能でない。むしろ弱い。母親への理想的イメージが剝がされない限り、家族間で子どもが犠牲となる事件はなくならない、と静かに警告するようだ。

○月△日　佐川光晴著『おれたちの青空』（集英社）を読む。坪田譲治文学賞受賞作『おれのおばさん』（集英社）の待望の続編。続編を読むと、懐かしい友達に会うような気持ちになる。

札幌の児童養護施設で、共に暮らす子どもたち。親が服役中、虐待の末に手放された、そんな子どもたちも高校受験という自立の時期を迎えようとしている。

彼らを受け入れる養護施設の代表者の恵子さんは、親の期待を裏切り、奔放に過ごした青春時代を経て思う。

「不幸はどうにか克服できても、安心にはなかなかたどりつけない。自分はこの世界にいていいんだという安心感は、幼いうちにしか身につけられない感覚なのかもしれない」

親代わりでも、子どもたちの親にはなれない。彼らが自立できるよう、叱咤激励する恵子さんの姿は、家族以外の何物でもなかった。

恵子さんの不器用な愛に包まれた子どもたちは、それぞれの道を歩み始める。そのたくましい成長に、ただただ涙（本作から読んでも内容はわかります）。

ここまで書いてみてわかったが、これらの本はいずれも父親の影が薄い。実際には登場しているにもかかわらず、存在が見えにくい。

子は父と母の元で生まれる。なのに、生まれたあと、父がフェードアウトしてしまうのはなぜだろう。

あまりに濃密な母親と子の関係に遠慮して、父親はおいそれと入れないのかもしれない。遠慮は無用。ぜひ大いに参加してほしい。

大事なのは、徹底的な愛を注いだあと、手放す勇気を持つことだ。

わたしは十五歳で上京する際、直前になって怖くなり、母にすがって泣いた。その時、母はこう言った。

「誰でも社会に出る。あんたは人よりちょっとだけ早く出るだけや」

その言葉の説得力に、涙は引っ込んだ。実に鮮やかに、自立の道へと背を押してくれた母に感謝している。

物語と現実の間で

○月△日　昨年から新しい小説に取り組んで、まもなく十カ月が過ぎようとしている。

初めて書いた小説が構想から完成まで四年かかったことを考えれば、少しスピードが上がったともいえるが、もちろん速いペースではない。

でも書いていない時も、頭の中には物語がある。後生大事に抱いている。昔からずっとそうだった。小学生のころは、下校途中に見つけた道や家に、「この道の向こうには誰も知らない国がある」「この家に住む家族は、実は他人同士の集まり」だとか、勝手な物語を想像して胸をワクワクさせていた。

常に物語を抱えていると、いったい現実とはなんだろう、と考えることがある。わたしの物語好きは、多分現実逃避から発している。誰だってつまらない現実より、楽しい非現実の方がいいに決まっている。

しかし非現実が、ただ心地よく享楽的であるわけではない。むしろ現実には浮かび上がらない人々の悲しみ、怒りや叫びがあらわれる。そんな非現実にわたしは惹《ひ》かれる。

伊集院静氏が初めて書いた推理小説『星月夜』（文藝春秋）は、社会派ミステリーである。

東京湾で見つかった男女の遺体はロープでつながれているものの、何の接点もなかった。身元は判明したが、事件の糸口はつかめず、被疑者も浮かんでこない。大事な家族を失った遺族の悲しみに寄り添う刑事たちによって、思いがけない真相へと導かれる。

物語は浅草から始まり、やがて出雲《いずも》、山口、岩手へ広がっていく。場所の描写には、抒情《じよじよう》と郷愁が感じられ、それはそれぞれの土地に生きる人々の思いにも通じている。

周囲の農家が次々に廃業する中で、岩手の老人は稲作を棄てるつもりはなかった。自ら育てた稲田を前に、行方知れずの孫娘の笑顔を思い浮かべる。次の一節を読んでハッとした。「子に、孫に〝生〟をつなぐことができる唯一の道だったからである」。農業は自然という人間には太刀打《たちう》ちできないものが相手である。しかし人もまた自然の一部であり、その命は農業に支えられている。命の根源を忘れてはいけない、生はつながなければ失われるのだから。どっしりと胸に響く一作だ。

○月△日　本屋を巡回していたら新書コーナーで面白いタイトルの本に出合った。社会学者で東大名誉教授の上野千鶴子氏と同じく社会学者で東大院生の古市憲寿《のりとし》氏との対談本『上野先生、勝手に死なれちゃ困ります』（光文社新書）。気になったのはサブタイトルの「僕らの介護不安に答えてください」の方。ある日夕飯を共にした友人が、食後に用がある、というので仕事だと思ったら「これからお祖母ちゃんのかいごがあるんだ」と言った。「かいご」が「介護」に変換されるまで、少し時間がかかってしまった。それから「介護」という二文字を急に意識し始めた。

本書では二十代の古市氏が、六十代の上野氏に対し介護、少子化、年金問題といった不安をぶつけ、それに上野氏が明快に答えていく。わたしの年齢はお二方《ふたかた》のちょうど真ん中あたりに当たるが、不安具合は古市氏と同じだ。

思い返せばわたしの十代後半は、日本経済がひっくり返ったころに当たる。高校に入る時はバブルまっさかり、成人したころには崩壊していた。あまりの急落にわけもわからないまま、社会に出てしまった世代だ。

不安であることはたしかだが、もういったい何が不安なのかわからない！　不安スパイラル状態。

こうして書くだけで現実逃避したくなるが、その前にちゃんと現実を知っておくことも必要だ。介護保険がこれほどありがたいものだとは知らなかった。

もうひとつ発見したのは、こういう対談が成立したお二人の関係性。古市氏は上野氏の直接の教え子ではない。上野氏は古市氏の親世代ではあるが、親ではない。この本では「ナナメの関係」と記される。タテでもヨコでもないナナメの関係は、指導も管理もせず、抑圧もなく、対立や葛藤《かっとう》もない理想的な人間関係である。しみじみとわたしはナナメ関係の上司には恵まれてきたな、と思った。いずれ自分もこうしたナナメ関係を築き、ナナメ上司として、相手の不安に答えられるようになっていたい。

○月△日　児玉清さんのお墓参りに行く。真冬だというのに、陽射しが眩《まぶ》しい穏やかな天気だった。たしか昨年（二〇一一）五月の告別式もさわやかに晴れた暖かい日だった。「足元が悪い中、皆に来てもらうのは悪いからね」と児玉さんが気を遣ったに違いない。

亡くなってから、初めてのお墓参りだった。ずっと墓石の前で手を合わせる自分が想像できなかった。どこかでその死を認めたくなかったのかもしれない。やっとたどり着いた。

遅くなりました、と口に出した途端、堪《こら》えていたものがあふれだした。すると「こんなところで泣かないでよ」と、児玉さんの心配そうな声が聞こえた気がした。その声は、もちろんわたしの想像の中のものだ。わたしのこしらえた物語の中にいる、フィクションの児玉さんである。

児玉さんが長年司会を務めたNHK・BS『週刊ブックレビュー』にわたしがサブ司会として初めて登板した時、迎えた特集ゲストは現代詩作家の荒川洋治さんだった。わたしは極度に緊張して、声が上ずってしまい、たった一言質問をするのが精いっぱいであった。

その荒川さんから『昭和の読書』（幻戯《げんき》書房）を送っていただいた。わたしの知らない本、未読の作家、文学史について、訥々《とつとつ》と語るように記される。ある章は、本の題名がひたすら陳列してある。ところどころで荒川さんのコメントがそっと差し入れられる。

語り口が何かに似ている。そうだ、児玉さんとの会話だ。膨大な本を読んできた児玉さんの話には、よく本のタイトルが挟まれていた。自分の知識をひけらかすようなものではない。人が好きなものを語る時、こんなにいい顔をするのか、と思った。いい顔をした本は、読むのも心地よい。

不思議だが、ご存命のころより今の方が児玉さんと近づいたように感じる。語りかければ、児玉さんは答えてくれる。わたしの心の中で、いつもいい顔をしている。

不安に対するささやかな攻防

○月△日　ＮＨＫ・ＢＳ『カシャッと一句！　フォト５７５』の打ち上げに参加した。数度ゲストとして参加しただけだが好きな番組で、いつも収録が楽しみだった。終わるのがひたすら惜しい。司会は伊集院光さん。わたしはデビュー当時、伊集院さんのラジオ番組に出演したことがある。ちゃんとお話しするのは約二十年ぶり。数々のクイズ番組で知られるように知識豊富、実に気遣いの方だ（そしてシャイ）。打ち上げの席で伊集院さんは言った。「人は嫌なことや、嫌いなことからしか学ばない」。胸にずんと響いた。最近聞いた友人の悩みとクロスしたからだ。友人の悩みは「高校を卒業したおいっ子が進学も就職もせず引きこもっている。何かやりたいことを見つけろ、と言っても『何も見つからない』と渋って動かない」というもの。やりたいことを見つけるって難しい。好きだから、といってうまくいくわけでもないし。だからといって嫌なことを進んでするのはもっと嫌だし。

藤岡陽子著『トライアウト』（光文社）の主人公、久平《ひさひら》可南子は新聞社の校閲部に勤めるシングルマザー。彼女は突然運動部への異動を言い渡される。最初の取材は「プロ野球十二球団合同トライアウト」。そこで見かけたのは、かつて甲子園で優勝し、ヒーローインタビューを受けた深澤翔介。戦力外通告を受けた深澤は、もう一度どこかの球団に入るためトライアウトに臨んでいた。しかしあえなく不合格に。

何より好きな野球に振られ、諦められない深澤は、ほとんど可能性はないと言われる二度目のトライアウトに挑戦する。

可南子には、プロ野球だけにはかかわりたくないと思う事情があった。だが実家に預けたままの息子を引き取って一緒に暮らしたい。嫌でも仕事をやめるわけにはいかなかった。

先の伊集院さんの言葉には続きがある。「好きなことには、ある意味意外性がない。すべては想定内だ」。嫌なこと、嫌いなことはそれ自体が想定外である。想定したくなかっただろう自らが試される過酷な場所で二人は出会い、思わぬ方向へと動き出す。闇の中を明かりもなく歩くように。

深澤は言う。「人生を大きく動かすには、自分自身の中の暗闇を動かすしかないってことだな」

ふと人の心の内にある、暗闇の海が頭に浮かんだ。

○月△日　週一ペースで通う小さな書店で山田詠美著『ジェントルマン』（講談社）を購入。小さな書店がどんどんなくなっていると聞くと、よけいに大事にしなくちゃ、と思う。平積みにされた本書は、黒地の表紙に銀色の帯が美しい。

美貌《びぼう》と優しさを兼ね備えた漱太郎《そうたろう》。ただの同級生だった夢生は、ある日漱太郎の残酷な本性を目撃し、図らずも彼の共犯者となってしまう。夢生は彼に魅了され、漱太郎の唯一の理解者であり続ける。

物語世界にいつのまにか引きずり込まれる。これはかなり危険な本だ。電車など公共の場所で読むと、本から顔を上げた時、本の世界から抜けられず、自分がどこにいるのかと混乱する。背徳感、危なっかしさたっぷり、でもどこか物悲しい。限りなく美しい。美味《おい》しすぎる毒のよう。何もかも持ち合わせている漱太郎はどうして罪を重ねるのか？　途中である登場人物が言い放つ言葉にガツンとやられた。

「人の行動に伏線なんかない。衝動しかないんだ。あと、運命しか」

なるほど。言われてみればその通り。わたしもこれまで衝動的に行動した結果、今ここにいる。大抵の行動の理由は後付けだ。そして急に思い出した。小学生のころ、初めてうそをついた瞬間のことを。

うそをついてはいけません、と言われて育ったわたしは、その教えを守り続けていた。肝心のうその内容は忘れてしまったが、自分がやったことを衝動的に「していない」と親に話した（とっくにバレているかもしれないけど……）。

人はある日、事故のように物事にぶつかる。その反応が自分の衝動的言動だ。自分ではどうにもならない。時に運命と呼ばれるものになる。

しかし『ジェントルマン』とは、なんと秀逸なタイトル。本の毒は大好物だ。いくら取り入れても命を失わないですむ。こんな毒なら、何度でも味わいたい。

○月△日　数年前に花粉症になって以来、この時期は憂鬱《ゆううつ》だ。ひどい時は外出もできない。家にいても、頭痛、酸欠、目のかゆみに悩まされ、本を読むのが困難になる。花粉症は本読みの敵。どうしても読みたい本は、お風呂に持ち込んで読む。ここなら憎き花粉も襲ってこない。

J・M・クッツェー著『遅い男』（鴻巣友季子訳、早川書房）を手に取ったのは「想定外」の「衝動」を求めた末のこと。ついつい慣れ親しんだジャンル小説、好みに合いそうな本を読みたくなる気持ちを抑えて、これまで読んだことのない作家、しかもノーベル文学賞作家の作品を選んでみた。

物語は、車と自転車の衝突事故シーンから始まる。病院に運ばれた被害者は手術で片足を失うことに。彼の名はポール。六十代独身。彼の家に派遣されたのは介護士ヨキッチ。献身的な介護にほだされたポールはヨキッチへの欲望を抑えきれない。しかし彼女は人妻なのだ。

人生の終盤に思わぬ事故で片足を失ったポールへの同情と憐憫《れんびん》を感じるが、やがて彼の底しれぬ欲望に対し、読みながらどう扱っていいのか戸惑っていく。ポールは人の手を借りなければ生活が成り立たない。読み手は知らず知らずのうち（実際に手は貸せないけど）介護士の立場になってしまう。

ポールはミセス・ヨキッチの気を引こうと、進学を希望するヨキッチの息子の学費を払うと言い出す。果たしてその下心をヨキッチは受け止めるのか？　とハラハラしていると、突然「想定外」の人物が顔を出した。

湯船からなかなか出られなかった。どこへ話が転がるのか気になって本を閉じられなかった。

時々、先の見えない不安にさいなまれる。でも先が見通せる人生に、想定外も衝動も生まれない。こうして本と出合えば、心の内の海は揺れ動く。読書はこれからの不安に対してできる、ささやかな攻防のような気がしてきた。

お金について考えた

○月△日　早朝に家を出発し、成田空港へ向かう。行き先は香港。これまで仕事で二度行ったことがあるが、中国に返還されて以来では初。プライベートでも初。飲茶と北京ダックは食べたい、夜景も見たい、あと買い物に観光、舞台観劇……夢は膨らむが、滞在時間とお金は限られている。

鞄には本二冊を携帯。自分で組んだ予定とはいえ、連日ハードスケジュールで一冊しか読めなかった。しかしその一冊が旅行中、わたしの心をつかんで離さなかった。

マーク・ボイル著『ぼくはお金を使わずに生きることにした』（吉田奈緒子訳、紀伊國屋書店）。表紙の写真には髪を短く刈り上げた、いかにも体育会系の男性がこちらを見つめている。この人が著者のマークさん。イギリスで一年間にわたり、お金を一切使わず暮らす実験（！）をやってのけた方。

幼いころ「無人島で暮らしたい」とほんのちょっとだけ思っていた。無人島で必要な物のリストをこっそり作ったこともある。その話をした相手に「じゃあ無人島に一つだけ持っていくとしたら何を持っていく？」という問いかけをされた。すぐには答えられなかった。だって、どう考えたって一つじゃ足りない。

マークさんの金なし生活は、憧れだった無人島生活に通ずるのかも、と興味津々《しんしん》で読み始めた。しかし予想とちょっと違っていた。

マークさんの暮らしは、言うなれば半自給自足生活。住まいは不用品交換で手に入れたトレーラーハウス。移動手段は自転車。自分で野菜を栽培もするが、レストランの期限切れになった食材を利用する。金なし生活の詳細を発信するのにパソコンは使い（太陽光発電で動かす）、携帯電話も受信のみ使用する。つまりこれまでの貨幣経済で得られたものを取り入れながら、お金を使わずに暮らしている。無人島の完全自給自足ではない。

皆が金なし生活をしたら、誰がパソコンやトレーラーハウスを作るのか、と反論されたりもする。彼は地球にかかる負荷を少しでも減らすために、こうした実験を行っているのだ。

膨大な燃料を使う飛行機でやって来た香港で、きらびやかな夜景と中華料理を堪能《たんのう》しながら読むのに、そぐわない本かもしれない。でもなぜだか、わたしの心を落ち着かせた。

旅の間、雲まで届きそうな高層ビルを見上げ「香港は地震の心配がないのかな」と何度も思った。

一年前（二〇一一年）、財布一つ持って出かけたスーパーは棚が連日空っぽで、結局何も買えなかった。故郷の母は、家に保存していた米や水を送ってくれた。わたしは福島に住む知人の所在を探し、無事を祈り続けた。

お金がなければ生きていけないのが常識だった。しかしお金があっても生きられるとは限らない。人とのつながりが必要だ。お金がなくても生きていけるという実験を著《あらわ》してくれたマークさんの勇気に感謝。

○月△日　「どうやって本を選んでいるのですか？」と尋ねられることが多い。何も特別な情報ルートがあるわけではなく、本屋で探すのが一番。あとは新聞や雑誌の書評欄や信頼するライターの口コミ、最近はツイッターのタイムラインに流れてくる情報が主な情報源。現在百人強の方をフォローしていて、サイトを開いた時に、偶然流れてきたツイートを拾い読みしている。なんとなくこの作業は釣りに似ている気がする。しかしこれで、結構良い獲物が釣れるのだ。

ある日の釣果《ちょうか》は平川克美著『俺に似たひと』（医学書院）。著者の高齢の母が亡くなり、残された父もだんだんと弱ってくる。家を離れて久しい息子が、父親と同居し介護するノンフィクションである。

この本はリアルな介護現場を描くことが本質ではない。誰かの支えなしでは生を保てなくなった父の、知られざる内面をめぐる息子の私小説として読める。

前に読んだ盛田隆二著『二人静』を思い起こした。両作ともに父親を介護する息子が主人公である。『二人静』（光文社）は小説。その介護の過酷さが読みながら身に迫ってくるが、『俺に似たひと』は、現実のことなのに、どこか軽《かろ》やかだ。父親のリクエストに応え、著者がほとんど経験のなかった料理に挑戦。レパートリーを増やしていくところなど楽しげである。

介護とは少し離れるが、がんを患《わずら》ったわたしの叔父は、ある時期から口で食事を取れなくなった。どうしてもお寿司が食べたくて、一時退院した際に寿司を買い、口に入れて味わった後、飲み込まずに出した。話を聞いて泣きそうになってしまったが、叔父本人はそこまで寿司に執着する自分を、客観視して笑っていた。叔父は四十五歳で亡くなった。

叔父を思い出すと悲しいけど笑い、笑いながらまた泣いてしまう。人はずっと笑い続けることも、泣き続けることもできないのだと思う。

高齢化社会を迎える現代、こうした「介護小説」は、一ジャンルとして本屋の一角を埋めるようになるかもしれない。生も死も、その瞬間は誰も選択できない。そして誰もが介護をする側、受ける側になりうる。まずはこうした本を読むことで、心の準備をしていくこと。今から老後の生活資金を心配するより、ずっと現実的な方法ではないだろうか。

○月△日　こんな本が届いた。松浦弥太郎著『松浦弥太郎の新しいお金術』（集英社）。

このタイミングでこのタイトル。しばらくお金のことは考えたくないんだけどなぁ、お金がなくても生きていけたらと思っていたのに、とぶつぶつ言いつつ、読み始めてしまった（目の前に本があると開かずにはいられないのです）。

「お金」について平易で優しい文章で記されている。まるで「愛」や「平和」について語るようだ。

しかし「お金」によって、人間たちはいがみ合ったり、憎んだりしていた。結果「お金」自体を悪者にしてきた。「お金」に罪はないのに。

読み終えて、わたしはこれまでの自分の「お金」の使い方を反省した。最初の印象通り「お金」は「愛」や「平和」と同列の大切なもの。すべては使い方次第。お金に「これで十分」という量はないのだろう。命と同じく、持てる分量をやりくりし、工夫して使う。そうして「お金」は生きた使い方をされ、人は生きていくのだ。

偶然ではなく、必然の

○月△日　二〇一二年の本屋大賞の受賞作は三浦しをん著『舟を編む』（光文社）。出版社の辞書編集部を舞台に、編集者たちの辞書作りの情熱を熱く、かつユーモラスに描いた作品。「あがる」と「のぼる」の違いが主人公の思考を通じて、脳裏に浮かんでくる。うーん面白い。言葉の海は、どこまでも深く限りなく広い。

翻って、言葉はその時代によって変化する。新しく生まれる言葉もあれば、淘汰《とうた》される言葉もある。言葉を扱うのは常に人間。しかし扱ううちに、いつのまにか言葉の意味が違って広まっていったりもする。

ある日、引っかかる言葉に出合った。「自助」という言葉である。どこで出合ったかというと、ある政党のホームページの基本姿勢の文言に記されていた。

この「自助」という言葉、初めて見たわけでもないのに、なぜか突然頭の隅にこびりついてしまった。「自助」の意味は「他人の力によらず、自分の力だけで事を成し遂げること」。意味はわかったけど、どうもすっきりとしない。そんな時、手に取った本がこれ。宮崎学著『「自己啓発病」社会』（祥伝社新書）。

いわゆる「自助」の意味を決定づけたとされる、イギリスの著述家サミュエル・スマイルズが書いた『自助論』は、日本語に抄訳された本がロングセラーになっているらしい。著者の宮崎氏は、ビジネス書の良書として受け入れられているこの本を「誤読されている」と指摘する。

「自助」の意味はつまるところ「自己責任」。自分の力のみで事を成し遂げられなかった→努力が足りない→それは自己責任である、という論理。

しかしサミュエル・スマイルズが掲げた自助論の本当の意味は全く違う。まず「自助は利己ではない」、そして「自助は相互扶助と両立する」。

要するに「困った時はお互い様」ということではなかろうか。もちろん自分の能力を大いに伸ばすことは大事。そして足りない部分は他の誰かに頼ればいい。そうして人々が互いに支え合えれば、無駄な競争をせずにすむ。

格差社会が進み、一部の者だけが総取りし、それ以外は飢える、ギャンブルのような社会が決してよいものだと思えない。そのために「自助」の本来の意味を、今一度かみしめたい。

○月△日　三島由紀夫は日本の現代文学を研究するうえで、避けて通れない作家のひとりだ。わたしは熱烈な三島フリークではないが、彼の性質には妙に惹かれるところが多い。

亡くなって四十年以上経っても、多くの人が興味を抱くその存在。三島の評伝は数多く出版されているが、岩下尚史《ひさふみ》著『ヒタメン　三島由紀夫が女に逢う時…』（雄山閣）は、これまでの三島像を覆《くつがえ》す一冊だと興奮した。

かつての恋人と親友の女性が語る三島との思い出。今もそこに三島がいるかのよう。彼を慕う気持ちが言葉にあふれている。

「好きだ。全身全霊で君に惚《ほ》れてるよ」と、十歳年下の恋人に向けて三島は言った。三島と彼女は連日レストランやバーにそろって行き、その恋は三年にわたったという。その間に三島は「おもしろいほど、書けて、書けて、しかたがないんだ」が口癖になるほどに次々と作品を生み出した。中には恋人をモデルにした作品もある。作家・三島由紀夫の全盛期は理想の恋人とともに訪れ、別れとともに終わりへと向かっていった。

三島は結婚後、かつての恋人と偶然会う。彼女は婚約中の男性と一緒にいた。三年ぶりの再会だった。三島は彼女の目をじっと見て、言葉をかけた。その言葉をここで明かすのは避けるが、わたしには、彼女に言葉をかけた時の三島の顔が見えた気がした。そして三島が彼女を失ったのは、彼の人生最大の損失だったのでは、と感じた。

三島由紀夫・本名平岡公威《きみたけ》を「こういさん」「こうちゃん」と呼んだ二人の女性の記憶に生きる三島は、随分とかわいい人だったようだ。そんな彼が、衝撃的な死を遂げたこととへのギャップはどうしても埋められない。

人はいろんな面をかぶって生きている。題名のヒタメン＝直面とは能楽の言葉で素顔で演じることをいう。心を許した彼女らの前でだけ、三島は面を外し、本名の平岡公威に戻れたのだろう。

三島はさまざまな面を着け、読者を魅了した。そのうちに三島は自分の素顔を忘れてしまったのかもしれない。そう考えると何とも切ない。

○月△日　八年間出演したＮＨＫ・ＢＳ『週刊ブックレビュー』の放送が終わっ

て、はや一カ月が過ぎた。読書生活は相変わらずだが、定期的に送られてくる課題図書（番組で取り扱う本）がなくなったことは寂しい。この番組で出合った本がたくさんある。そして忘れられなくなった本もある。

伊藤計劃《けいかく》著『ハーモニー』（ハヤカワ文庫ＪＡ）がそれだ。ほぼ同年代の著者の描く近未来ＳＦに、衝撃を受けた。

わたしが伊藤氏を忘れられなくなったのにはもうひとつ理由がある。伊藤計劃を知った作品『ハーモニー』が彼の遺作となったからだ。すでに病魔に冒《おか》されていた著者は、本書の仕上げを病室のベッドの上で行ったという。

作家活動の期間は短いが、伊藤計劃は今も読者の中で生きている。

文庫オリジナル『The Indifference Engine』（ハヤカワ文庫ＪＡ）の表題作の初出は二〇〇七年。ゼマ族とホア族の終わりなき戦闘を描いた短編は、ルワンダの大虐殺を彷彿《ほうふつ》とさせる。やがて戦争は終わるが、少年の中での戦争はやまない。行き場を失った憎しみを抱え、彼はさまよい続ける。とても深刻で暗い話なのに、一縷《いちる》の光が射すようなラストシーン。

本との出合いは、読書するその時だけを潤《うるお》してくれるものではない。読み終わって、時間が経ってから浸透する作品だってある。

多分、本との出合いは偶然ではなく、必然なのだと思う。その本を手に取る前から、何らかの予兆があり、結果的に本と出合ってしまうのだ。

自分にとって必要な本に巡り合うために、今日もあらゆることに引っかかり、書店を回遊しよう。当たり前だが、指をくわえて待っているだけでは、人にも本にも巡り合えない。

読む前から、すでに読書は始まっているのだ。

人の孤独について

○月△日　敬愛する児玉清さんがお亡くなりになって一年が過ぎた。一周忌を前に出版された『すべては今日から』（新潮社）を読む。

単行本に収められなかった文章をできるだけ集めたという本書。特に読書についてつづるところは、児玉さんの熱っぽい語りが脳内で再生される。なんだか無性に本が読みたい。すぐに出かけることにした。

我が家から一番近い大型書店に着くと、まずは店内を回遊する。背の高い本棚がフロアいっぱいにきちんと整列している。本棚と本棚の間にいると、何やら迷路の中に迷い込んだ気分。通路に一番近い場所には椅子があった。「座り読み」オーケーの時代が来るなんて、子どものころは思いもしなかった。

　たくさんの本が並ぶ大型書店は素晴らしいが、ここから自分の求める本を探すのは結構難しいかも。一度買おうと手にした本を、やっぱりやめて棚に戻すにしても、元の場所を忘れてしまうほど広いのだから。ようやく店内を一回りして、文芸コーナーにたどり着くと、幾つか本を選んでレジへと向かった。

　いそいそと帰宅してまず手にしたのは、現在気になる作家の一人、桜木紫乃著『起終点駅（ターミナル）』（小学館）。二〇一二年『ＬＯＶＥ　ＬＥＳＳ（ラブレス）』（新潮社）で第百四十六回直木賞候補にもなった著者の最新作。「無縁」をテーマに書いた短編集だという。読み始めてすぐ作品舞台となった北海道の大地にドスンと放り出されたような気がした。

　六つの短編の中で強く印象に残ったのは、札幌に本社を置く新聞社に入社し、釧路支社に配属された女性記者、山岸里和が主人公の作品二編。歓迎会でデスクの紺野からセクハラを受け、上司に直訴《じきそ》したが失敗に終わり、紺野と敵対関係となった里和。「たたかいにやぶれて咲けよ」は特養ホームに入った歌人ミツにまつわる物語だ。生涯独身であった恋多き女性歌人に取材した里和に「記事にするなら、わたしが死んでからになさい」と言い残して亡くなった。

無縁のミツは、かつて秘めた恋をした。そして晩年には年若い男性同居人がいた。里和はミツの人生を取材しながら、自身の人生を考える。学生時代からの恋人・圭吾はうつ病を患い、実家で療養の日々を送っているが、里和は圭吾を慮《おもんぱか》りつつも、彼の元へ足を向けない。「みんな、自分のことで手一杯だ。一年経っても、なにひとつ変わっていない。一年先も変わらないのではと思うと、それだけでおそろしい」。セクハラ騒動以来、バカにされまいと必死に働き、時々自室の隅で泣く里和の姿は、働く同性として身につまされる。彼女が追うミツは、里和自身に重なるところがあるのだろう。

たとえ家族や友達がいても、自分は独りだと感じることがある。この小説に出てくる無縁の人は、同じ寂しさや悲しみを抱える人を応援してくれるよう。無縁だったミツの生前を語る他者の存在は、確かにミツの人生を支えた人々で、縁とはその人が生きた証《あか》しなのだ。

わたしにとって、児玉さんは番組共演者であり、大先輩だった。また父親のようでもあり、勝手ながら同志だと思っている。わたしの周囲には、児玉さんを慕う仲間がたくさんいる。一周忌の夜は、自然と仲間が集まった。児玉さんを中心に育んだ縁は、児玉さん亡き後も続いている。

○月△日　まとめ買いした小説の中から井上荒野著『結婚』（角川書店）を開く。結婚詐欺師の古海《うるみ》にだまされる女性たちと、古海自身の物語。著者の父である井上光晴の同名小説に材を得た小説だ。

ずっと以前、わたしの知り合いの知り合いの娘A子さんが結婚を決めたとうわさを聞いた。よくよく話を追っていくと、「それ、結婚詐欺師じゃないの？」と思わざるを得ないエピソードがわんさと浮かび上がってきた。実際、これまで結婚詐欺師を見たことないし、テレビドラマの中でしか知らない世界だ。そのせいか結婚詐欺師は、気になる職業（！）であった。事の顚末《てんまつ》はわからないが、ついにA子さんが結婚したという報告はなかった。

本書に出てくる女性たちは、古海にだまされたと自覚している女性と、そうでない女性が混在している。自分が被害者だと信じたくないから、だまされたとあえて気づかないでいるのだ。

現在「就職活動」を「シューカツ」と略すように「結婚活動」を「コンカツ」と言う。就職と同じく、結婚のハードルは高くなっている。詐欺師が結婚願望の強い女性に近づくのはごく自然だが、すでに結婚し、その結婚生活から脱したい女性までをターゲットにしているのが現代的だ。満たされない今を満たしたい。どこかにあるはずの幸せを我がものにしたい。こうした物語はドロドロとしがちだが、筆致は実にサラリとしている。半紙にポトリと落とした墨汁の濃淡を味わうようだ。

大した動機もなく詐欺を繰り返す古海、その妻初音、古海の仕事のパートナーのるり、共に目的に応じて相手とつながっているのに、どうしても埋められない孤独が迫ってくる。

「結婚」の利点はする人の数だけあるだろうが、一人より二人の方が食べていける（生活費の節約）というのも大事なポイントだ。この小説は、食べてお腹を満たすのではなく、心を満たすための結婚を描き出している。サスペンス色は強くないのに、どうしてこんなに深い闇を感じるのだろう。これが人の心の姿だろうか。

○月△日　電車やバスで読書する人がいると、何をお読みですか？　と訊《たず》ねたくなる。人の読書傾向はとても気になる。内田樹《たつる》著『街場の読書論』（太田出版）はタイトルだけで買い。

中でも「scan と read」が目を引いた。「読書とは何か？」という問いについて、文字を「ひたすら見つめる」(scan)から「読む」(read)へと発展すること、と解く。書かれた言語の意味はあとから知ればよいという。強く同感。

小学生だったある日、仲の良い同級生とはしゃいでいる時、「あ、これが友情で、友達なんだ」と突然わかった。それまで本の中での友情や友達は知っていたが、本当の意味はわかっていなかった。

小説はあらゆる経験の宝庫だ。つまり現実とは、小説で経験した「記憶の再生」なのだ。

家族旅行の不思議

○月△日　昨年末、母が還暦を迎えた。「夫婦で旅行でも行ってきたら?」と提案すると、「皆で行こう」と母。こうして十数年ぶりの家族旅行が決まった。

行き先は沖縄・石垣島。両親は大阪から、私たち娘は東京から飛行機で旅立ち、石垣島で集合する。めったに旅行しない両親がそろって機上の人となる。那覇《なは》でちゃんと乗り換えて現地にたどり着けるか心配だった。携帯電話の電波が不安定で連絡がとれないままホテルに着いたら、一足先に着いていた両親が笑顔で迎えてくれた。

旅行にはいつも滞在日数分の本を詰めていく。今回の家族旅行にかけて選んだ北杜夫《もりお》著『マンボウ最後の家族旅行』（実業之日本社）。二〇一一年十月に亡くなった著者の最後のエッセー集である。

普段の旅行は予定をあまり入れずのんびりと過ごすが、この度《たび》は招待した立場として、両親が楽しんでいるかと気になって仕方がない。夜、二人が寝静まったあとに本を開いた。

北杜夫さんの旅行記は、ある意味壮絶だ。大腿骨骨折《だいたいこっせつ》で二カ月半入院し、ようやく退院したら肺炎でまた入院。やっと退院したところで、娘さんが「年末、みんなでハワイに行かない？」と言い出した。

仰天しながらもすぐ降参し、言われるがままエコノミークラスに詰め込まれ、北さんはハワイへと旅立つ。

有名なCM撮影ポイントの風景とハワイのロミロミマッサージを堪能し帰国した翌日には、なんとスキーをするため苗場に連れて行かれる！　病《や》み上がりの北さんは皆が遊んでいる間、部屋で横たわっている。苗場から帰宅すると、旅行の疲れが抜ける間もなく娘さんの要望で熱海の温泉へ連れて行かれることに。

同室の家族を起こさぬように声を殺して笑って読んだ。国内、海外あちこちに連れ回されて、くたびれて旅先で横たわりながら「他の家族のためのサービス旅行と言ってよいであろう」と言ってのける北さん。車椅子を利用し、最後になるかもしれない家族旅行に何度も出かけていく姿は、なんとも言えぬ哀愁とユーモアがある。

絶筆となるエッセーは軽井沢への家族旅行。皆がゴルフ観戦中、北さんは疲れて眠ってしまう。ようやく家に帰れる、と思ったのもつかの間「せっかくだから」と中華街に繰り出す家族に連れられて行く。

最後の最後まで家族旅行づくし。北さんは終始疲れて、旅先でマッサージばかり受けていた。心地よいだけが幸せではない。疲れるのも幸せなのだろう。

「あぁ腰が痛い」

「ちょっと肩もんで」

海で泳ぎ、カヤックを操って疲れ果てた親たちが交互に口にする。順番に体をマッサージしながら、こういうのも娘の幸せのうちなのだと自分に言い聞かせた。

○月△日　ツイッターの情報で気になっていた本、中脇初枝著『きみはいい子』

（ポプラ社）を購入。

五つの短編には虐待される子どもの姿が描かれる。そのすべては同じ町が舞台。ゆるやかにつながった物語、人物。「こんな偶然あるわけない」と言い切ってしまえばそうかもしれない。でも子どもの痛みは、リアルに胸を突いてくる。「べっぴんさん」の主人公は幼稚園に入る前の娘の母親。固有名詞は記されず、ママ友に「あやねちゃんママ」と呼ばれている。夫は単身赴任で不在。娘のあやねがちょっとした失敗をする度に虐待してしまう自分を止められない。彼女もまた幼いころ、実母に虐待を受けていたのだ。

彼女は他の母親も自分と同じように我が子を虐待しているはず、と想像する。そうあってほしいと願っている。でなければ、彼女は救われないのだ。自分が悪い子だからたたかれたように、娘が悪いことをするからたたく。たたかなければ、もっと悪くなる。

そもそも子どもが悪い。自分は悪くない。たたかせる子どもが悪い……混乱が混乱を呼び、どんどんエスカレートしていく虐待。

彼女の行為は、ある日ママ友に見つかってしまう。その時彼女は思う。

「いつかこんな日が来ると思っていた。なにもかもがばれてしまう日」

それでも取り繕《つくろ》おうとする彼女に、ママ友は意外な行動を取る。もしも自分がこの母親だったら、子どもの立場だったら、そう思うとたまらなくなる。これは小説の中だけのことと思いたいが、実際、幼児虐待のニュースはそれほど珍しくない。自分が知らないだけで今も苦しんでいる人がいるのだろう。

虐待された人々は不運だ。本人たちは何も悪くはない。不運という言葉で片付けるのはやや強引だが、これ以外の言葉が見当たらない。しかしその不運をひとり抱え込み、連鎖させてはいけない。

そのために幸せだった記憶を持ち続けよう。ホンのかけらでもいい。自分が愛され、大事にされた記憶は生きる希望になる。そして今、自分がこうして生きているのは、誰かに大事にされてきた証拠なのだから。

○月△日　関口宏さん初の著書『テレビ屋独白』（文藝春秋）を拝読。十代のころから『知ってるつもり?!』のゲストに呼んでいただいたり、その後も『サンデーモーニング』で随分お世話になった恩人だが、初の著書というのに驚いた。自身で描かれたイラストを駆使して「テレビ屋」としてテレビの作り方を表現したり、関口さんの頭の中をのぞくような気分だ。

わたしもテレビには世話になっている身だが、いち視聴者の立場となると「また似たような番組」「何かつまらない」と言いたい放題である。しかし「テレビ屋」現役の関口さんは、そうした辛口意見を踏まえながら「では今後テレビをどうするか」を追求し続ける。

なかでも「視聴者の想像力を活かそう」と記す部分は、わたしのテレビの認識を覆した。何でも分かりやすく説明してしまうのが良くも悪くもテレビの特性だと思っていたが、それを関口さんは否定し、視聴者のイマジネーションに任せようというう。

多チャンネル化が進み、視聴者の取り合い。世界中で二十四時間放送するテレビをすべて見ることはできない。人間の手を離れ、モンスター化したテレビが何を生むのか。いちメディアとしてのテレビの役割をあらためて考えさせてくれた。

作家と女優に共通するもの

○月△日　この夏は寝不足続きだった。眠いのに眠れない理由は、暑さだけではない。四年に一度のスポーツの祭典、ロンドンオリンピックのせいだ。夜、家でのんびりくつろぎ、「そろそろ寝ようかな」と思うタイミングで、何かしらの競技が始まる。そのまま夜半までテレビの前から動けなくなる。

普段からスポーツを熱心に見ているわけではない。夏季・冬季オリンピック、世界陸上、サッカーワールドカップの開催時だけテレビにかじりつくミーハーな観客のひとりである。そんなにわかファンのわたしが、オリンピックに夢中になる理由は、生放送だから。毎日どこかのチャンネルに合わせれば、アスリートたちの活躍が見られる。編集も大きな演出もないライブ放送は、緊張感にあふれていて、その張りつめた空気はダイレクトに伝わってきて心地よい。

今年はオリンピックイヤーということで、関連本がたくさん出版された。小川勝著『オリンピックと商業主義』（集英社新書）は、オリンピックの起源と歴史をひもとき、商業主義へ向かった道筋を明らかにする。

かつてオリンピックに出場する選手の旅費、宿泊費は自己負担だったというのに驚いた。日本人として初めてオリンピックに出場したマラソンの金栗《かなぐり》四三《しそう》はその費用を仲間からの寄付で賄《まかな》ったという。

選手がお金を払ってでも出場する、それがオリンピックだった。しかし選手が来ただけでは始まらない。開催費用はまた別に必要になる。

テレビの放映権料はオリンピックにとってかかせない費用だ。会場に行かなくても、家で生放送が楽しめるのはテレビのおかげ。しかし莫大《ばくだい》な放映権料は、選手たちの足かせにもなった。

ソウル・北京の両オリンピックでは、アメリカの放映時間に合わせて、一部競技の開催時間が変更された。アメリカのテレビ局から最大の放映権料を引き出すためだという。しかし選手たちのコンディションはどうだったのだろう。体操や水泳は「午前決勝、午後予選」という通常のスポーツ大会とは逆のスケジュールになった。

オリンピックにまつわる商業主義を非難することなく、淡々と論じている著者は、放映権料目当ての競技時間変更については憤《いきどお》っている。

日本は二〇二〇年の東京オリンピックの誘致をしているが、もし開催が決定したとしたら、ソウルや北京と同じ対処をするのか？　選手のコンディションを優先するか？　大変気になるところだ。

○月△日　小説の最終回を執筆中。わたしにとっては三本目の小説で、冬に出版を予定している（無事書き終えたら）。

最終回ともなると、いろんな思いが交錯《こうさく》し、なかなか書き進められない。「もっとこうすればよかったな」とか「でもそれじゃ話が脱線してしまう」と今更考えても仕方のないことで、頭を悩ませている。本当にこれでいいのか、これからどうするべきか。

大沢在昌著『小説講座　売れる作家の全技術　デビューだけで満足してはいけない』（角川書店）を手に取ったのはそんな時。大沢氏が小説家志望の生徒を集め、月一回、一年間にわたって授業を行った様子をまとめた本。読みながら自分も生徒のひとりになった気分に。

惜しげもなく自らの小説の技術を生徒に伝授し、生徒が提出した課題小説に対して、丁寧にわかりやすい講評をする。

一人称の書き方、強いキャラクターの作り方、プロットの作り方など、この本をもっと早くに読みたかった、と正直に思う。

物書きにあこがれたのは子どものころ。本好きが高じて、自分で作った物語を空想ばかりしていた。中学生の時にはテレビドラマに夢中になり、「わたしも書きたい！」と脚本家を夢見た。その後まもなく、何の因果か芸能界に入ることになり、二十八歳の時に応募したBKラジオドラマ脚本懸賞で最高賞をいただいてデビューした。

初めて脚本を書こうと思った時、友人の脚本家に相談した。

「どこか脚本の書き方を教えてくれる学校へ通ったほうがいいでしょうか？」

答えはこうだ。

「あなた何年女優やっているの？　家にある台本を読み返して勉強するといい」

言われた通り、家に帰ると早速台本を読み返して研究した。そして考えた。わたしは脚本の専門的な勉強はしていない。しかし家には自分が出演した台本があり、ドラマがどんな風に作られているかを実感している。これを生かして書いてみよう、と。

しかし小説は別。書きたいけど、怖い、怖いけど、書きたい。

大沢氏は言う。「作家に安全確実なポジションなどない。過去の成功は過去でしかない。いつも今書いている作品、これから書く作品を問われるのだ」

副題の「デビューだけで満足してはいけない」というのは、芸能界に入った時に言われた言葉と共通している。

「次呼ばれる人にならなければ、仕事は尽きる」。至極納得する言葉だ。ふと気付けば、小説家としてデビューして数年たってしまった。とにかく死に物狂いで最終回を書いて、次の作品へ取りかかりたい。そんな思いを強くした。

○月△日　『その日東京駅五時二十五分発』（新潮社）を読む。著者は映画監督でもある西川美和氏。西川監督の映画『ゆれる』『ディア・ドクター』が好きで、『ディア・ドクター』の原作が含まれる小説『きのうの神さま』も忘れ難い一冊。

本書は映画とは関係のない中編だという。終戦より早いタイミングで敗戦を知った西川氏の伯父の実話をもとに描かれた小説だ。

通信兵だった「ぼく」と益岡は共に十九歳。敗戦をいち早く知った通信隊は解散し、二人は故郷へと戻っていく。物語に挟まれる回想に、戦争に対する思いがつづられる。「ぼくは通信兵として従順につくすだろう。（中略）でもなぜ戦わなくてはいけないのかはよくわかっていない。ぼくは一度もまじめにそれについて考えていない」

静かで胸をつく言葉だ。誰かに従順でいることと、考えないことは同じ。本書には西川氏の渾身のあとがきが収録されている。小説を読まれた後に、読んでほしい。

孤独で、ストイックな「格好いい人」

○月△日　周囲も認める出無精《でぶしょう》で、用がなければずっと家にいる。執筆のために家にこもるときは、あらかじめこもる予定日数分の食料を買い込んでおくのも常。こんな生活が可能になったのは、ネットの恩恵もある。欲しいものがあれば、ネット通販で頼めば届けてもらえるし、わざわざ着替えて、化粧を施《ほどこ》すという面倒な作業をせずともオーケー。いったん楽を覚えると、どこまでも楽な方へと流れていく……。

なぜこんなに億劫《おっくう》な性分なのかを自問してみた。ひとつは仕事の特性だ。毎日同じ職場に行く必要はない。極端に言うと、毎回違う職場へ行くという生活を二十年以上繰り返している。どこにいても、根なし草のようだし、慣れない場所は落ち着かない。だから余計に自分の居場所だと思える家が好きなのかもしれない。

最近、高倉健さんのドキュメンタリーをテレビで見て、語る言葉の重さにうなった。思わず買ってしまった『高倉健インタヴューズ』（プレジデント社）は、ノンフィクション作家の野地秩嘉《のじつねよし》氏が一九九五年から二〇一一年にかけて健さんの話を聞き続け、構成した一冊。テレビで話していた内容とも通じている。

「現場では決して椅子に座らない」とか「どれほど寒くても火にあたらない」など健さんにまつわる話は多い。読んでみると、想像通りのストイックさと「え、意外！」と驚かされる一面を併せ持っていることがわかった。

通常のロケーション撮影の場合、俳優がロケ地に入るのは、大抵撮影の前日。しかし健さんは、それよりもっと早く、撮影前に現場を訪れる。事前にその土地の様子、気象を頭に入れておくことで、あらためて撮影のために来た際、演技に集中することができるから。時代劇『四十七人の刺客』のときは、撮影前に朝からかつらをかぶり、腰に刀を差すという合宿生活を一カ月くらいやったという。すべては役柄の生活に慣れるためだ。

だから健さんは、どんな役柄でもすっとなじんでいる。どんな場所でも、自分から溶け込んで心身ともになじませていく。

あぁ、無精な自分の甘さが猛烈に恥ずかしくなる。慣れない場所が落ち着かないからといって引きこもってちゃいけない。すみません、健さん。無性にあなたに謝りたい。

健さんが映画に出るときの基準は、ギャランティーがいいこと。お金の話はこういうとき、避けてしまいがちだが、健さんは出演料だけでなく、他の俳優がこれまで取ってこなかった再放送料、テレビ放映料、ＤＶＤ化の際の使用料も交渉するという。これによって、作品への責任も重くなるし、励みにもなる。

健さんのおかげで、後輩俳優が今後同じ権利を主張しやすくなるのは間違いない。そういう意味で、健さんはご自身のためだけでなく、間接的に他の俳優の道も切り開いているのだ。

読めば読むほど格好良い。「自分もこうありたい」と強く思う。

○月△日　小説脱稿。二〇一一年の冬から書き始めて半年と少しかかった。

ご褒美《ほうび》代わりに買ってから、しばらく取り置いていた西加奈子著『ふくわらい』（朝日新聞出版）を開く。西さんの本はこれまでも数冊読んでいるが、その読書経験から、空いた時間にちょこちょこと読むより、ある程度時間が取れたときに読もうと決めていた。

主人公は書籍編集者である鳴木戸定《なるきどさだ》、二十五歳。父親が「マルキ・ド・サド」をもじって名付けた。この名前だけで一風変わった物語の世界が本から立ち上がってきて、胸が躍った。

定は彼女独特の感性で、出会う人々と通じていく。そのやり取りの豊かさや面白さを、言葉で説明すると陳腐になってしまいそうで怖い。『ふくわらい』はストーリーを読むのではなく、その世界を楽しむものだと思う。西さんはこれまでの作品もそうだった。

たとえていうなら夜空の星の美しさに、思わず見入ってしまうような感じかもしれない。星の名前とか、星の歴史など関係なく、ただ美しいという感情に身を任せる。

「福笑い」は、誰もが一度はやったあの遊び。定も幼いころから現在に至るまで没頭している。

くり貫《ぬ》かれた顔のパーツを輪郭というフレームに、目隠しして置いていく。どんなに注意したとしても、二度と同じ顔はできない。小説『ふくわらい』もそれと同じく、これに似た小説はない。

○月△日　怪盗ルパンシリーズは、児童向けの本を子どものころによく読んだ。たぶん初めて読んだ海外文学だった。その最終作『ルパン、最後の恋』（平岡敦訳、早川書房）が発売されたと聞いて、長らく離れていたルパンに再会することになった。

著者のモーリス・ルブランが亡くなったのが一九四一年。それから七十年間封印されていたという。

子どものころ、ドキドキして読んだ怪盗ルパンシリーズ。どうしてそんなにときめいたのか、よく覚えていなかった。

ルパンは紳士だ。見た目も良く、誠実で女性にも優しい。だが泥棒である。このギャップに「萌えた」のだろう。「最後の恋」と銘打っているあたり、読む前から期待が大いに膨らんだ。

訳者平岡敦氏のあとがきによると、ルブランは本作をいったん完成させた後、脳血栓の発作を起こした。推敲《すいこう》が重ねられたが、最終稿に至らないまま亡くなったため、そのまま忘れ去られていた。

作品が発見されるまでの経緯に目を通してから、小説を読み始めた。ルブランは、推敲を重ねて小説を膨らませるタイプの作家だったそう。少しストレートすぎると感じる表現が多いのは、そのせいだろうか。

しかしルパンの精神は失われていない。利己的な行動はしない。お金を追い求めた時期はあったが、今やその必要もない。今作では恵まれぬ子供の教育にも力を尽くす。

「わたしにとって戦いとは、皆の利益にならねばならない。（中略）騎士道的な行為でなければ」

誰とも結託せず、愛する女性を守るために自分の思いを封じる。

相変わらず格好いい。健さんもいいけど、ルパンもいい。共通するのは、孤独でストイック、人のために尽くす精神を持っているところだ。

何があっても生きていたい

○月△日　取材などで「肩書はどうしますか？」と尋ねられると、「女優、脚本家」とお答えする（あるいは作家）。しかしわたしにとって肩書はあまり意味をなしていない。なぜならそこから外れた仕事が多いから。

自分の専門ではないから、と仕事を断ることはあまりない。せっかくわたしに依頼してくださったのだから（専門家でない人の意見や言葉を聞きたいという理由なら）、出来る限り対応しようと努めている。

その流れで報道番組のコメンテーターの仕事をするようになった。視聴者としてテレビを見ているときはあまり気にしていなかったが、請け負ってみて、これほど大変な仕事だとは思わなかった。

コメンテーターは生放送で時事ネタにコメントするのが仕事。何か執筆する際、書いた原稿を一日寝かせて客観的に読み返すのが信条だが、生放送では当然無理。その場で、自分の考えをなるべく平易な言葉で、短くコメントする。ちょっとツイッターに似ているかもしれない。

放送が終わると、大抵非難される（主にネット上で）。主張の違いから容姿まで罵《ののし》られる。目にすると落ち込みそうなので、しばらくネットを見ないようにしている。でも偶然耳に入ってくるものは防げない。

柳美里著『自殺の国』（河出書房新社）は、ネット上の掲示板でのやり取りから始まる。掲示板の内容は集団自殺の誘い。「一人では死ねないから、誰か一緒に」というもの。わたし自身、本物の掲示板は見たことはないが、ネットにおける匿名《とくめい》の人々の言葉のやり取りは、刺々《とげとげ》しいというか、発言する誰もが他人より上に立った言動になりがち。本書での掲示板のやり取りも、死にたい人の本気度を揶揄《やゆ》するような人もいる。実際、興味本位という人もいるのだろう。高校一年生の市原百音《もね》は、混沌《こんとん》とした掲示板上で自殺の同志と集《つど》う。

百音の耳に入ってくるあらゆる雑音が文字として表されるのが印象的。家では両親の無言の不和を聞き、電車に乗れば、人の話し声、乗換案内、駅名案内が嫌でも耳に飛び込んでくる。その間に携帯電話に友達からメールが届く。思春期とは忙しく、恐ろしく繊細な時期だとわが身を振り返る。

大人になっても、雑音は耳に入る。私も自分に都合の悪い音は、それとなく受け流せるようになった。それを成長というのか。それとも鈍くなったのか。読みながら、若者よ、今は辛いだろうけど耐えて生きてほしい、と願っていた。

志望者が四人集まって自殺の場所へ向かう場面、後ろから付いていく五人目になった気がして、怖くなった。何があっても自分は生きていたいのだ、と自覚する。

○月△日　週末の京都へ行く。秋の京都は見どころも多く、気候もいい。仕事であっても、気持ちが弾む。

この日は京都産業大学の「むすびわざ館」で『方丈記《ほうじょうき》』に関するシンポジウムに参加した。

今年は鴨長明《かものちょうめい》が『方丈記』を著して八百年の節目。日本初の災害文学と呼ばれる『方丈記』は東日本大震災を機に読む人が増えたという。下鴨神社の摂社、河合神社には長明が晩年暮らした「方丈の庵《あん》」を復元したものがある。五畳半ほどの簡素な家。ここに住むとしたら家の本棚の本は持っていけないな、と考えた。

帰りの新幹線で佐伯泰英著『惜櫟荘《せきれきそう》だより』（岩波書店）を開く。佐伯氏といえば、文庫書き下ろしの時代小説家として一躍有名になった方。著者は熱海に仕事場を構えた縁で、岩波書店の創業者岩波茂雄の別荘「惜櫟荘」を知った。ある日「惜櫟荘」が人手に渡ると聞き、この名建築を自らの手で完全修復しようと決意する。

建築家吉田五十八《いそや》のもと、戦中に建築された惜櫟荘は、物資不足のなか、日本国内に残っていた石材、木材が集められ、京都から職人を呼び寄せて普請《ふしん》をしたという。その修復保存は並大抵のものではない。なにしろ図面はない。建物を計測し、設計図を引き直すところから始めた。

ベテランの棟梁《とうりょう》が頭を悩ませ、時折現場を離れては、また戻ってくる。その様子を著者は楽しげにスケッチする。

「七十年前の大工の仕掛けた罠《わな》を必死で推理しているのだろう」

物言わぬ建物の壁、柱、隅々までに作り手の心意気が込められている。解体作業でそのひとつひとつが明らかになるとき、時間は巻き戻る。

修復作業とともに、著者が時代小説家に至るまでの日々も回想される。カメラマンだった著者が作家堀田善衞《よしえ》、詩人田村隆一たちと過ごした日常は、色鮮やかで熱気を帯びている。

なかで一編、児玉清さんとのエピソードがある。児玉さんの通夜に参列した場面を、わたしもその場にいて拝見していた。抑えた筆致に思いがこぼれる。

「私の時代小説は、児玉清なくしてはかようにも読者の支持を得られなかった」著者の時代小説をこよなく愛した児玉さんは、著者にとって恩人だったのだろう。短い一編に著者の児玉さんへの感謝の気持ちを感じた。

○月△日　数年前から大学に籍を置き、日本文学を勉強している。

一昨年の夏に取った生物学の授業で「iPS細胞」という言葉を聞いた。苦手な生物学だが、教授の熱っぽい授業に興味を惹かれた。教授いわく「日本で最もノーベル賞に近い」人物が山中伸弥氏。それ以来ノーベル賞発表の時期になると注目していたが、ついに今年（二〇一二年）ノーベル生理学・医学賞の受賞が決まった。

授業のときは随分わかった気でいたが、すっかり頭から抜けている。そこで『山中伸弥先生に、人生とiPS細胞について聞いてみた』（山中伸弥著、聞き手・緑慎也、講談社＋α新書）を手に取った。

「iPS細胞」が出来るまでの道のりは報道でも知ることができたが、目を引いたのは「プレゼン力」にまつわる話。研究者は研究だけしているのではなく、自分の研究成果を広くわかりやすく伝えることが大事だと説く。

プレゼン力によって、山中氏は人生の窮地を乗り切ったと記すが、「なるほど」と思うエピソードが満載だった。英語を大阪弁で訳すプレゼン力も素敵だ。

立ち止まって考えた

○月△日　暗くなるのが早い分だけ、夜が長くなった。街を彩るクリスマスのイルミネーションを眺めるのは楽しいけど、冷え症にはつらい季節である。
子どものころから寒くなると、体が動かなくなる。周囲から「動けば温かくなる、子どもは風の子、元気の子!」と言われたが、それはわたし以外の子どもの話。

昔の家は断熱材が薄かったのか、今の家と比べて寒かったように思う。特に朝は手がかじかんでブラウスのボタンを留めるのも苦労した。寝るときは、隣の母のふとんに足だけ入れて暖をとっていた。

現在は重ね着をして寝るようにしている。特に冷える足は、絹と綿の靴下二重履《ば》き（内側に絹を履くとムレないのでおすすめ）。レッグウォーマー、ネックウォーマーは日によって着けたり着けなかったり。湯たんぽは必須。寝室の暖房は、オイルヒーターが定番となっている。これに加湿器をセットして、やっと横になれる。で「随分と手間がかかる」と思われたかもしれないが、実際けっこう面倒くさい。でもこれを怠《おこた》ると、冷えて眠れないのだから、やるしかないのです、面倒でも。

全部準備してから、ベッドに横になり本を開く。至福の時間が始まる。

横山秀夫著『64（ロクヨン）』（文藝春秋）。久々に横山氏の小説を手に取った気がする、と思ったら、何と七年ぶりの新刊だった。

たった七日間で幕を閉じた昭和六十四年。昭和最後の年に起きた少女誘拐事件の時効が迫るなか、D県警の警務部の広報官である三上に、次々と難題が降りかかってくる。

途中でちょっと本を置いたとき、知らずに「ハァ」と大きく息を吐いていた。かなり息を詰めて読んでいたようだ。ものすごい物語の密度。いろんな感情が小説の中にうごめいていて、どこを読んでも、「うわっ」「おぉ」と声にならない声が出てしまうのだ。

三上の置かれた立場は、いわゆる中間管理職だろう。わたしは会社勤めをしたことがないので、中間管理職がどういうものかはわかっていない。なんとなく大変そうだな、と想像していたが、これは切実だ。「三上さん頑張れ。いやいや、あんまり頑張らなくていいよ。どうせ上司はわかってくれない」と心の中でエールと慰めの言葉を交互に送っていた。

気づくと、体がポカポカしていた。心が熱くなったからだ。

○月△日　隔週で出演している関西テレビ『FNNスーパーニュースアンカー』（二〇一五年三月二七日終了）出演のため、大阪へ。日帰りになることが多いのだが、やはり地元はホッとする。エスカレーターは右立ち（急ぐ人に左側を空ける）、タクシーの運転手さんはよくしゃべる。大阪では当たり前のことが、なんだか愛《いと》おしい。何より出演者の方々、スタッフの方々が心安い。まだそれほど出演回数を重ねていないのに、皆さんの顔を見ると、急に関西弁が出たりする。上京以来、家族や大阪の友人以外としゃべってもほとんど出ない関西弁が、ここではポロポロこぼれるように出ることに自分でも驚く。

番組では政治ネタが多く扱われる。いつ選挙になるのか、と予想していたら、あっという間にその日が決まった（この日記が掲載されるころは衆議院選も都知事選も終わっていますが、今はまだ先のこととわからず）。

『橋本治という立ち止まり方』（朝日新聞出版）を開く。著者の名前がタイトルに入っているシリーズとして三冊目の本。

この本では政治についての話に多くページが割《さ》かれている。エッセーが書かれたのはリーマン・ショックのあった二〇〇八年の秋ごろから、政権交代が行われた〇九年。一〇年に橋本さんは病を得て闘病生活に入り、退院して間もなく東日本大震災が起こった。それほど昔のことではないのに、随分前のことに思えてくる。それはなぜだろう。古い記憶は新しい情報に押し出されてしまうのかもしれない。

現在はメディアを通し、他人がどう思っているのか、世の中の流れがどちらへ向かっているのか、大体わかるし、大衆の声はリアルタイムで検索できる。もちろん見えている声だけがすべてではないが、大きい声はよく通る。

報道番組において、自分に何が求められているのかといえば、ごく普通の人の声だ。でもそう言われて考える。普通とは何だろう。一般的な意見とはどういうものだろう。

多くの人の声を代弁すること？

景気が悪いと「景気を回復させなきゃ」と政治家は言う。そりゃそうだ。景気が良いに越したことはない。しかし若者の中から「日本には景気を回復させる余地はあるの?」と聞こえぬ声がする。橋本さんは入院中に立ち止まってそんなことを考えた。このエッセーは、読んで何かを教わるというよりも、ひとつの物ごとを一緒に考えたり、橋本さんの思考の経路を共にたどったりするような感じがする。読むうちに、自分の考えも徐々にまとまってきた。

普通の人には景気を良くする具体的提案はない(あったとしても、政治家にでもならないと提案を取り上げられない)。メディアや大衆の声に振り回されるのではなく、それらを相対的に見て、自分の思いを確かめることが大切なのだ。国民とは、多様な人々の集まりであり、わたしもその一員なのだから。

普通の人の回答は、多分その人が置かれる立場によって違ってくる。でもそれぞれが精いっぱい考えたこと。自分なりの考えをカメラの前で発言するという仕事を、たまたまわたしはさせてもらっている。

○月△日　冲方丁《うぶかたとう》著『光圀伝《みつくにでん》』(角川書店)を読む。第七回(二〇一〇年)本屋大賞を受賞した『天地明察』に続いて、かなり売れていると聞く。

本書で描かれる水戸光圀には、テレビドラマでおなじみの「水戸黄門」のイメージはない。エンターテインメント作品として、一青年の成長物語として大いに楽しめる。

十代の光圀は放蕩《ほうとう》者で周囲を困らせたが、自分の「義」に目覚めてからは、成長著しい。先のことを見据《みす》えながら、今の自分がどう振る舞うべきか。人の上に立ち、政治を動かす人間ならではの苦悩だと感じた。

選挙を前にして思う。光圀がこだわった自分の「義」を持つ人が、今の世界にもいてほしい。そうすれば選挙に行く人も増えるだろう。

―泣いて、笑って―

○月△日　新しい年を迎えて初の読書日記。本年もたくさん読んで、思う存分つづりたく思います。

初本に選んだのは、保阪正康著『八重と新島襄《じょう》』（毎日新聞社）。言うまでもなく二〇一三年のＮＨＫ大河ドラマ『八重の桜』の主人公山本（新島）八重と、同志社大学の創始者である新島襄の評伝。

昨年夏に福島へ旅行した際、会津若松に立ち寄ったが、すでに現地は『八重の桜』一色。街のあちこちに「八重」関連のポスターが張ってある。

恥ずかしながら、八重を知らなかったわたしは、八重が会津戊辰《ぼしん》戦争の時にスペンサー銃を手に籠城《ろうじょう》した鶴ヶ城や、士族の子弟が通う日新館《にっしんかん》、白虎隊《びゃっこたい》が自刃《じじん》した地として知られる飯盛山《いいもりやま》などめぐり、会津若松の歴史を追った。驚いたのは、会津藩士の忠誠心と、女性たちのたくましさ。

戦況が思わしくないと、無力な女性たちは大抵「逃げる」か「自刃」のどちらかの道をたどることになる。西郷頼母《たのも》一族の女性は自ら命を絶っている。しかし会津には、八重だけでなく武器を持って戦った女性がいたのだ。

八重の勇ましい武勇伝は目を引くが、夫の新島襄という人も実に興味深い。襄は新島家の第五子にして、初の男子だった。「また女であろう」と寝ていた祖父が男子誕生の知らせを聞いて「しめた！」と言ったことから七五三太《しめた》と名付けられたという。幼いころから頭脳明晰だった襄は、キリスト教に関心を持ち、聖書を学ぼうとアメリカ密航を企てた。幕末に国禁を犯して外国に向かうとは、まさに命がけの行為。八重が戊辰戦争で男勝りに戦ったのと似ている。二人は出会う前から同じようなことをしていたのだ。

襄は奇跡的な出会いを得て、無事アメリカに入国することができた。幕末に海外で学んだ人物といえば、ジョン万次郎や榎本武揚《えのもとたけあき》、伊藤博文などいるが、彼らは漂流、あるいは官費、藩からの出航費用に頼っている。しかし襄は自分の意志と労働、そして外国人からの援助に支えられた。彼を支援した船主夫妻が襄を「ジョセフ」と名付けたことをきっかけに、「七五三太」から「襄」に改名する。国からは金も指図も受けない反骨精神、そして自分を支えた外国人から与えられた名前に改名するなど、型破りな襄が見初《みそ》めた八重なのだから、八重もまた型破りで当然。いいカップルだなぁ。読みながら、会話好きだったという襄と八重のそばで、二人の声にそっと耳を傾けているような気持ちになった。

○月△日　ベストセラー本のランキングには、レシピ本とダイエット本がセットのように並ぶ。人は(わたしも)「食べたいけど太りたくない」動物だ。やせたい、正月太りを気にしている人へのおすすめの本はドリアン助川さんの『朗読ダイエット』(左右社)。十代のころからダイエットを数えきれないほど繰り返しているわたしが「これは、やせそう」と思った。例えば『外郎売《ういろううり》』。二代目市川團十郎《だんじゅうろう》が十八番《おはこ》とした外郎売りの長ぜりふは、お芝居のレッスンで何度となく読み上げた懐かしき文面。早口言葉が組み込まれた文章を軽い気持ちで朗読し始め、途中で真剣になり、最後まで読み上げた。久しぶりにやるとかなり疲れるが、気持ちいい。本書では「朗読はスポーツの一種」というが、確かに朗読は、いつでもどこでもできる素晴らしいスポーツだ（多少うるさいかもしれませんが）。

また朗読ダイエットは、古今東西の名著との出合いでもある。先ほどの『外郎売』も、回を重ねるごとにだんだん気持ちが入り、外郎売になりきって読んでいた。朗読は体全体で読書する行為。一見簡単な文章でも、朗読することによってより深く感じる。好きな文章や挑戦したい本を課題にしてみるのもよさそうだし、難解な本を理解するために朗読するのも一案かも。

ちなみにダイエットと読書の共通点は、長く続けることによって、その効果がジワジワと現れること。だからわたしは読書とダイエットから離れられないのか……。

○月△日　子どものころは、小説家か漫画家になりたかった。一時期は少女漫画に夢中になり、真剣に漫画家を目指したこともある。しかし絵が上手くないことを自覚し、早々に諦めた。それ以来、小説に傾倒し、あまり漫画は読まない。漫画より小説の方が面白い、と強がりでなく思っている。しかし時々「これは参りました！」という漫画に出合う。それが岡野雄一著『ペコロスの母に会いに行く』（西日本新聞社）。認知症になった母みつえさん（八十九歳）が主人公。みつえさんの日々が、息子（六十二歳）の著者の手で描かれると、こんなに愛おしくなるのか。みつえさんは物忘れが激しく、亡くなったはずの父親の幻影もしょっちゅう登場する。おかしくてかわいくて、時々涙が出てくる。漫画だからこそ伝わる素晴らしさにあふれている。

「不穏」という認知症の症状の名残《なごり》で悪態をつく母親が、息子と認識した途端笑顔になる八コマ作品には、込み上げるものがある。著者が母に向けるまなざしは冷静で優しい。そして最後は笑える。あぁきっとこの時のみつえさんは大変だっただろう、と著者の心の内を思う。でもその場面を決して悲惨には描かない。淡々と描いて、必ずオチを付ける。しかし実際の生活は、小説や漫画のようにオチも終わりもない。ゴールが見えないマラソンみたいなものだ。

そんな苦しいマラソンを続けるために、人間は現実に似た物語（この場合は漫画）を作るようになったのかもしれない。そうやっていつ終わるか分からない現実を俯瞰《ふかん》し、心の整理をつけたりする。すると自分を客観視するようになる。物語にはそういう作用がある。そんな小さな物語の積み重ねが、現実の生活となっていくのだから。

物語のポイントは「笑い」。物語の笑いのツボと涙のツボは、隣り合わせにあるというが、思い切り笑うのも泣くのも、心を解放しなければできない。本書を読むと、声を上げて笑い、涙がポロポロとこぼれる。心が開くのは、実に心地よい。

良い本は、頭だけでなく体にも良い。マッサージを受けたあとみたいに、強《こわ》ばった心と体を弛緩《しかん》させる。そして本からの新たなエネルギーを注入されるようだ。

名作のもと

○月△日　テレビドラマや映画を見ると、オリジナル作品よりも、原作がある作品が目立つ。映像化がきっかけで売り上げを伸ばす本もあるし、話題になった本は、映像化されることが多いように感じる。

日本における新刊出版点数は年間に七万冊以上（二〇一二年時点）、一日当たりおよそ二百冊と言われるが、これだけ点数が多ければ選ぶ方も困るのは当然。多くの本に埋もれないためにテレビや映画といったメディアとタッグを組むのも一案だろう。

しかし脚本家の端くれとして言わせてもらうと、オリジナル作品を書けないのはちょっと寂しい。そして原作ものを脚色するのは、決して楽ではない。原作の世界観を壊さぬよう、映像ならではの特色を見せなければならないし、原作ファンからは「変なふうに変えたら承知しない」といった厳しい視線にさらされる。放映時間の関係で、原作を思い切ってカット、省略しなくちゃならない時もある……切る方も苦しいのです。

一方で世の中には、原作よりも脚色された作品が広く知られているものがある。その一つが『レ・ミゼラブル』。ミュージカル舞台としてもおなじみだが、昨年（二〇一二年）映画化された作品がミュージカル映画として歴代最高の収益を得たことでも話題となった。

原作者はフランスの作家ヴィクトル・ユゴー。子どものころ『ああ無情』という児童書で読んだ人も多いかもしれない。それだけ幅広い世代に知られている作品なのだ。

しかし世界の名作『レ・ミゼラブル』は、児童書やミュージカル、映画で「読みもしないのになんとなく読んだ気になって」、原作はそれほど読まれていない。

『「レ・ミゼラブル」百六景』（文春文庫）の冒頭で著者の鹿島茂さんがそう書いているのを読んで、ホッとした。実はわたしも原作未読である。

　本書は、刊行当時の挿絵に詳細かつ簡潔な解説が添えられている。挿絵一枚当たり二ページほどの文章には、作品の時代背景や心理描写が見事にとらえられていて、長大、壮大な物語を大まかにつかめるのも素晴らしい。

　わたしは映画『レ・ミゼラブル』を見る前に本書を手に取り、読み終わらぬうちに映画を見た。映画を見終わったあと、最初から読み直した。本書は予習に読んでもいいし、復習のために読むのにもいい。何より本書を読むことで、かなり省略された映画版（舞台版もほぼ同じ）の完成度の高さが分かった。長大な原作の押さえるべきところを押さえ、長い説明を必要とする部分は、絶妙に省略している。『レ・ミゼラブル』という作品が時代を超えて、本から舞台、映画と形を変え、世界中の人々に繰り返し享受される理由が分かった気がする。これはわたしたちの物語なのだ。

　パンを盗んで囚《とら》われたジャン・ヴァルジャン、彼を執拗《しつよう》に追う警部ジャヴェール、娼婦に身を落としたファンチーヌ、その娘コゼットなど「惨《みじ》めな人々」が、懸命に生きる姿に感動するのだろう。

○月△日　ずっと以前に見た舞台『片づけたい女たち』が再演されていると聞いて、再び見に行った。終始笑い声の絶えない客席。いい舞台にはいい空気が流れている。終演後、ロビーで売っていた戯曲『片づけたい女たち』（而立《じりつ》書房）を買う。その場にいらした作者の永井愛さんにサインをいただいた。
物語は連絡の取れないツンコのマンションへ、バツミとおチョビの二人がやって来るところから始まる。一歩足を踏み入れた室内は、モノが散乱し、足の踏み場もなかった！

登場人物は長年の女友達三人だけ。モノだらけのデザイナーズマンション一幕でモノを動かし展開していく。リアルで笑えるセリフが多い。モノの増えすぎた部屋で、ぜい肉の付いた自らの体について、

「減らそうとしたものは全部増えてる」

「増やそうとしたモン、減ってたりして……」

なんという真実！　声に出して笑ってしまった。そして少し胸が痛んだ。わたしもかつて、こんな部屋に住んだことがあったからだ。

わたしの場合、モノが増えすぎたわけではないが、散乱した状態に陥ったことが

ある。一人暮らしを始めて四年目のホンの一時のことだった。電話口から聞こえる娘(わたし)の声が変だと感じた母は、急ぎ故郷から上京してきた。わたしの部屋を一目見て「これが今の娘の心の中だ」と思ったそうだ。確かにその時期は、落ち込みが激しかった。舞台を見ながら、一瞬つらかった時のことが思い出された。

バツミとおチョビはおせっかいを焼きながら、ツンコの部屋を片づけていく。片付けの過程で発掘される思い出にまつわるモノたち。いつしか三人は互いの人生について話し出す。さながら人生の整理整頓。

そもそも部屋とは、永遠に片づけ続けなければ、あっという間にモノだらけになる場所。片付いた状態が普通、という潔癖な人を除けば、適度に散らかっているのが普通ではなかろうか。そういう意味では誰もが「片づけられない人たち」で「片づけたい人たち」なのだろう。

○月△日　「脚本アーカイブズ・シンポジウム」の総合司会を務めた(二〇一三年)。故市川森一さんの提唱で始まった「日本脚本アーカイブズ推進コンソーシアム」は、脚本・台本の保存、継承、活用のシステム構築を目指す取り組み。市川さん亡き後に代表理事となったのは山田太一さん。山田さんの代表作とも言える『ふぞろいの林檎《りんご》たち』を最近見始めたが、大変面白い。

長谷正人著『敗者たちの想像力　脚本家山田太一』（岩波書店）では、山田作品の登場人物たちを「敗者」としてとらえている。山田作品と併せて（見て）読みたいのだが、山田作品にしても映像がすべて残っているわけではない。

一九八〇年代以前の多くの作品の映像は失われ、脚本も印刷部数が少なく、映像、脚本の両方がなければ、どんな名作も人の記憶にしか残らない。著者は本書を執筆するにあたり、映像がない作品については、脚本だけが頼りになったそう。

先の会合での山田さんの講演では、先人が何をしたかということを踏み台にして、新しいものが構築されていく、という発言があった。

脚本だけでなく、さまざまな分野に共通する提言、と受け止めた。

抽象的思考

○月△日　花粉症には本を読むのがつらい季節。昨年は症状が軽かった分（あれ、もう治った？と思ったくらい）今年の花粉の飛散はすごい。例年飲んでいる薬を倍飲んで、なんとかやり過ごしている。しかし副作用のせいで本を開くと、強い眠気に襲われる。

そんなわたしを眠らせなかった一冊は、奥田英朗著『沈黙の町で』（朝日新聞出版）。小さな地方都市で起きた中学生の転落事故。自殺か？　いじめが原因か？　学校、生徒、亡くなった少年の母親、そして加害者と疑われる少年たちの母親の心境が描かれる。

一昨年（二〇一一年）、滋賀県大津市で起きた中学生の自殺を思い出さずにいられないが、本書は新聞小説で、痛ましい現実より先に書き始められたものだ。

読み進めるうちに、突きつけられるのは「いじめはなくならない」ということだった。いじめなんて、多分どこの学校にもある。そしてたった一日だけではあるが、わたしも中学時代、いじめのターゲットになったことがあった。

ある日、先輩の女子不良軍団から校舎の裏手に呼び出され「お前、メンチ切ったやろ」（にらんだだろう、という意）とすごまれた。覚えがなかったわたしは「メンチなんか切っていません」と答えた。それが「生意気」と取られ、いきなり平手打ちされた（たとえメンチを肯定しても同じ結果だっただろう）。

本書でも、ソフトボール部の先輩から陰湿な嫌がらせを受ける女子生徒が登場する。自らのポジションを辞退することで、彼女への嫌がらせは三日間で終わった。

この三日間のせいで、彼女はいじめのターゲットになる恐怖を嫌というほど味わった。

わたしの時はたった一日だった。だけど、この世の終わりと思えるほどに怯えた。先輩が怖いというだけじゃない。二度と学校へは行けないかもしれない、という恐怖だ。実際、クラスには会ったことのない同級生がいた。クラスの集合写真の端っこには、何かの集合写真から引き伸ばしたと思われる粒子の粗い顔写真が丸い窓に収まっている。これが会ったことのない同級生の唯一の記憶。わたしもあんな風に輪郭のぼやけた存在になるのかもしれない……ここまで書いていて、愕然《がくぜん》とする。結局わたしは「会ったことのない同級生みたいにはなりたくない」と思っていたのだ。

加害者と疑われる少年たちの親はそろって「この子が（いじめを）するわけがない」と信じ、我が子と少年の自殺が無関係であることを願う。いじめられた少年とその親は気の毒だが、何より大事なのは我が子で我が身なのだ。学校側の対応もまた、我が身と残された生徒を守る方に向かう。結果において、被害者家族は蚊帳《かや》の外。

誰も裁けない、誰も裁かない物語は、突然のごとく終わる。唯一描かれない亡くなった少年の内面の謎を残して。

○月△日　地元・関西への出張が続く。合間を縫ってこれまで足を運んだことのない場所をいくつか訪ねた。なかでも印象に残ったのは、パナソニックミュージアム　松下幸之助歴史館と阪急・東宝グループの創始者、小林一三《いちぞう》の記念館。

子どものころから阪急百貨店の旧コンコースがお気に入りだった。天井が高く、教会を思わせる格調高い雰囲気の旧コンコースは、小林一三の趣味だった、と知る。ついでに阪急電車の車体の色は「マルーンカラー」と呼ぶ（ずっと小豆《あずき》色と呼んでいました）。

大阪での移動中、手放せなかったのは辻原登著『冬の旅』（集英社）。主人公緒方隆雄が、刑務所から出所するところから物語は始まる。悪い方へ、悪い方へと転がり落ちていく隆雄。最初のつまずきはなんだったのか？

フィクションと現実の出来事が交錯する。物語中、阪神淡路大震災、地下鉄サリン事件が起こり、緒方と彼の人生にかかわった人々の行動や心理状態があぶり出される。こういう大きな出来事が起こった日のことは、誰しも記憶に残りやすいだろう。東日本大震災の日に何をしていたか？　覚えているというより、忘れられないと言った方がいい。阪神の震災もサリン事件の日も忘れられない。それだけに、フィクションの人物が当惑する様子が、身近に感じられた。

物語の終盤でなんと松下幸之助と小林一三の名前が出てきて驚いた。実際の事件や出来事や実在した人物だけでなく、本書はあらゆる大阪の地名が登場する。昨日自分がいた町や、さっきまで乗っていた地下鉄の駅、なにやら物語の中に入り込んだような気分。登場人物たちとどこかですれ違ったかもしれない。

○月△日　書店の新刊コーナーをチェックする。「これは読まなければ」と森博《ひろ》嗣《し》著『人間はいろいろな問題についてどう考えていけば良いのか』（新潮新書）を手に取り、その他のいくつか本を抱えてレジへと向かう。帰宅して、最初に開いたのは、この本だった。

まず提示されるのは、具体的ではなく抽象的、客観的に物事を考えること。普段逆のことを求められがちだが、できるだけ抽象的に物事をとらえよ、という。その方が目に見える余計な情報にとらわれず、本質を見極められると。

読みながら心が洗われ、視界がクリアになっていく。大きな味方を得たような気分だ。なぜならわたしは抽象的思考だと自分で思うから。

人に自分のぼんやりとした考えを話す時は、具体的な例を出して「たとえば……」と説明する。そうしなければ、ほかの人には伝わらない。自分自身でさえ考えたことを時々メモ書きして残さなければ、次の瞬間「あれ、わたし何を考えていたっけ?」とぼんやりとした考えが雲散霧消《うんさんむしょう》してしまう。

さきほど本書を「大きな味方」と記したが、抽象的にとらえるとは「見方」の問題である。ものの見方を教えることは難しい。だからある問題に対して「どう考えていけば良いのか」の答えは「自分で考える」しかないのである。「普通」を疑い、「寂しいのは悪い状態か」と問う。単なる刷り込みでそう思い込んでいるだけで、本当に考え尽くしたか?

これでもかというほど問題が山積みの世の中で、すぐに問題の解決はできないかもしれない。でも考えることはいくらでも可能。

読書は、考える行為の一つだ。

「芸人」同士の人物批評

○月△日　四年間在学していた大学(通信制)をこの春(二〇一三年)卒業し

た。卒業して思うのは、もうリポートを書いたり、試験を受けたりする必要がないとは……楽すぎる！　取り組んでいる間は苦しかったのに。卒業を諦めかけた時もあったのに。そんな時間を懐かしんでいる自分に驚く。つらさや苦しみは、楽しさよりもずっと記憶の深いところに刻まれるのだろう。そしてそれは自分の下地になる。

水道橋博士著『藝人春秋』（文藝春秋）に刻まれるエピソードの多くは、著者の弟子時代に基づく。著者の師匠である北野武氏はもちろん、石倉三郎氏、古舘《ふるたち》伊知《いち》郎《ろう》氏など誰もが知る著名人たちの知られざる面や言葉を、紙面に再現させる。自身を「ルポライター芸人」と称する著者の文章は、一言で表すならば「密度が半端なく濃い」。

もしわたしが同じような人物ルポを書くとして、これほど繊細にして大胆に対象人物に迫れるだろうか。書かれる方も書く方も「芸人」同士、静かな戦いの炎が熱く燃え上がる。著者の下地は、ツワモノによって織り上げられているようだ。

主演ドラマの撮影中に田舎の父が倒れ、一日のみ帰郷して現場に戻った著者に、共演者の石倉三郎氏は声をかけた。

「おぅ、帰ってきたか。ご苦労さん、辛抱しろよ！」

石倉氏は言う——辛抱とは辛さを抱きしめること。
「辛抱ってなぁ我慢と違うんだよ、分かるかい?」

○月△日　ハードディスクに撮りためた番組の中に脚本家、木皿泉《きざらいずみ》氏のドキュメントと短編ドラマで構成された番組がある。ハードディスクの整理のため、別途保存するか、もう何度も見たことだし消去するかと迷っていたら、木皿氏の初の小説『昨夜《ゆうべ》のカレー、明日《あした》のパン』(河出書房新社)が発売された。

脚本は好きだけど小説はどうだろう、と恐る恐る読み始めたら、これが見事に木皿泉ワールド!　泣いたり笑ったりしながら読了。ついでにドキュメント番組は別途保存決定。

小説は、夫を病気で亡くした妻「テツコ」と、夫の父「ギフ」が中心となる物語。特に好きなのは「山ガール」という一編。まもなくやってくる定年後の趣味を探すギフに、テツコは友人の「山ガール」を紹介する。「山ガール」とは山登りを趣味とする女子のこと。かくしてギフと山ガールは道具探しの後、山を登ることに。

とても些細な話だ。他人だった人が、お互いを支え、救いあう。テツコもギフも他人、ギフと山ガールも他人、テッコと山ガールだって友人だけど他人。だけど一度かかわったことで、かけがえのない他人になる。

　山登りだけでなく海に潜《もぐ》るのも、バディ（相方）がいる。自分に何かあった時のため、そして相手に何かあった時のための命綱のようなものだ。特別ドラマチックでもなく、目立たない日々の中に命綱はいくつもある。それは自分を救い、ほかの誰かを救う。小説もそんな命綱みたいな気がする。

○月△日　新しい歌舞伎座は大盛況らしい。この歌舞伎座を手がけた建築家、隈《くま》研吾《けんご》さんの『建築家、走る』（新潮社）がすこぶる面白い。実は少し前に対談する機会に恵まれ、その時にうかがった話も非常に興味深かったのだが、本書では建築についてもっと深いところまで語り尽くしている。いや、建築の話なのに、政治や経済、国のあり方など、人間そのものに言及しているように思えてならない。

　世界一周切符を片手に駆け回り、あらゆる悪条件を乗り越えて、建築に対峙《たいじ》する隈さんは言う。

「弱い日本なのだから、弱い建築を作りたい」

　木造建築が朽ちていく過程を一緒に生きていく。手直しを続け、作り続け、壊れ続けを繰り返す。つい頑丈で長持ちする建築を夢見るけど、人がいつか死ぬように、建築もいずれ朽ちる。そんな当たり前のことを建築家から言われてハッとした。

「使える人材を見抜くオリジナル面接」にも瞠目。悩みと迷いの連続というプロセスを経て生まれた隈さんの建築。この本を片手にいつか見て回りたいという気持ちになった。

景気という「空気」

○月△日　株が上がった、下がったと連日報道されている。株を持たないわたしでさえ、何となく株価を気にするようになってしまった。株価は景気に影響するし、景気は日常生活にも関係している。

しかし景気とは何なのだろう。大方が「空気」なのでは、と感じている。景気という空気は植物が光合成で作り出すそれとは違い、人間が作るもの。味も匂いもないけど、人間を一喜一憂させる効能がある。良い空気を取り合い、誰かが独り占めにすれば、他の誰かが悪い空気を吸うことになる。

『評価と贈与の経済学』（徳間ポケット）を手にしたのは、株価乱高下の最中。内田樹氏と岡田斗司夫《としお》ＦＲＥＥｅｘ《フリックス》氏の対談で新しい交易と共同体の在り方が語られる。

　努力と報酬が一致せず、能力と報酬も一致しない世界にわたしたちは生きている、というどうしようもない真実が軽妙なやり取りの中に紛れ込む。あぁ、耳が痛いけど聞かずにいられない。

「報酬は運である」「運だからこそ、成功したら他人に回さないといけない」——つまり運良く贈与されたら、誰かにその運を贈与する。なるほど、それを繰り返せば、良い空気（景気）は循環していきそうだ。

　このように誰かが独り勝ちするのではなく、「みんな」で生き延びる社会は、正直夢のような世界だと思う。夢であっても惹かれるのは、その根底に人間への信頼があるからだ。どうせなら人を疑うより、信じたい。

　ところで株価は上がるか下がるかのどちらかで、湯加減のようにちょうど良いという数値はないのだろうか。半身浴しながらぼんやりと思った。

○月△日　銀座の教文館で富樫倫太郎著『信長の二十四時間』（ＮＨＫ出版）を購

入。本能寺の変の一日を描いた小説。著者インタビュー記事を読むと、海外ドラマ『24（トゥエンティフォー）』を意識したと書いてある。なんと『24』にハマッたわたしにぴったりではないか。

織田信長を描いた小説はかなりあるが、本書の妙は、信長を亡きものにしようとする者たちの暗躍がつづられるところ。まるで命懸けのカードゲームをしているように相手の持っているカードを予想しながら、自分のカードのどれを使うかを考える。いや、考えるというより、とっさに反応しているのに近い。じっくりと考えていたら命が危ない。それほど切羽詰まった状態を「戦乱」と呼ぶのだろう。

誰もが恐れおののく信長をいかにして追い詰めたのか、本能寺の変の首謀者を追うハラハラドキドキの展開が続く。

本書の信長を見ると、自分の意に沿わない人間を切り捨て、天下を取ろうとする人はどこかで足をすくわれるのだと思わざるを得ない。しかし冒頭から自信たっぷりで周囲を威圧していた信長が最後あんな風になるとは……。あまりの様子にちょっと可哀想になってしまった。

○月△日　知人からトマトをいただいた。スーパーでは見かけない大ぶりなトマトは、皮がピンと張っていてまるで果物のように甘くジューシー。こうして書いているうちにまた食べたくなってきた。そんな時に『馳星周の喰人魂《しよくにんだましい》』(中央公論新社)を読んでしまった。世界中の絶品料理を食した著者の叫びが聞こえてくる。「旨い」「美味しい」では収まらず、「うまっ!」「んまいっ」「もっとんまいっ!」。もはや日本語としての形は崩れているが、逆に言葉にならないおいしさなのだろう、と唾《つば》を飲んだ。

中でも香港のマンゴープリンのエピソードが印象深い。甘いもの嫌いだった著者を夢中にさせた一品だが、一年後に香港を訪ねると、デザートのシェフは別の店に移っていた。以来、香港に行くとマンゴープリンを探す放浪者となっているという。記憶の中にあるマンゴープリンは、さしずめ初恋の味なのかも。

他にトリュフとフォワグラ入りの「オムレツリゾット」や松茸ご飯ならぬ「ご飯松茸」などもいい。すぐにまねできるのは鍋で炊く玄米ご飯だな。それにしてもおなかが空いた。

職場恋愛の心得

○月△日　セーラー服の女学生の後ろ姿。二つに結《ゆ》わえた髪の分け目がそのまま目の前に広がるあぜ道へとつながっている――会田誠の作品が表紙となっている『桜庭《さくらば》一樹短編集』（文藝春秋）を購入。帯の文にしびれた。

「もう、お別れなのだ。殺すこともなく。愛しあうこともなく。」

収められた六編の短編小説の一編「モコ&猫」の中のせりふの抜き出しである。大学に入ったばかりの僕が出会った「モコ」。ストーカーのように彼女を見つめ続けるだけの恋。猫かぶりゆえに「猫」と呼ばれる僕。

「モコ」から憎まれもせず、軽蔑《けいべつ》もされない、なんとも思われない「猫」。社会へ出て行くのを機に、二人は穏やかに別れていく。愛し合っていれば、もっと苦しんだかもしれない。殺意だけを抱きながら、手を下すことはない恋。

直木賞受賞作『私の男』前後に発表された短編を集めた本書は、桜庭一樹のエッセンスがたっぷり詰め込まれている。道を歩いていたら、突然ズルリと水たまりに足を取られるかのように、どんどん物語世界に引きずり込まれた。どれもこのまま長編小説になりそうだ。

○月△日　隔週で大阪へ新幹線出張している。車内での過ごし方はいつも同じ。食事、読書、勉強（時間が余ると仮眠）。乗車前は駅ナカの書店に寄る。こぢんまりとした駅ナカ書店は、ビジネスマン向きの本、旅の本、数多《あまた》の雑誌が多い。普段じっくり見ない棚の本だが、眺めるとなかなか興味深い。

　牟田和恵著『部長、その恋愛はセクハラです！』（集英社新書）は、強烈なタイトルに惹かれた。セクハラは女性が被害者となる場合が多い。しかし何をもってセクハラと決めるのか、セクハラの定義とはなんぞや？　ぜひ知りたい、と常々思っていた。

　ちまたでよく言われる「セクハラは受け手の主観で決まる」のはうそだそう。例えば、女性が心の中で「ノー」と言っても、相手の男性の気持ちを配慮してはっきりとは言わないことがある。それを同意と受け取った男性はさらに踏み込んでくる……すると女性は自分に隙《すき》があったからかも、と自分を責める。

「はっきり言わなかったじゃないか！」と男性は思われるかもしれないが、わたし自身を振り返ると、思ったことをはっきりと言えない時期はあった（今は言うけど)。これは個人の性格や感じ方によっても変わることなので、とても難しい。特に職場など上下関係のあるところでは、上司に逆らうと仕事に支障をきたすかも、と部下は我慢してしまう場合がある。

そこで職場恋愛の三カ条。

1 仕事にかこつけて誘わない。(断りたくても断れないから)

2 しつこく誘わずスマートに。

3 腹いせに仕返しをしない。

好意から始まったことがセクハラとならぬよう、互いに心地よく過ごせるようにするのが人間関係の基本的な考えなんでしょうね。

○月△日　関西テレビ『FNNスーパーニュースアンカー』でご一緒しているジャーナリストの鈴木哲夫さんからご著書『最後の小沢一郎　誰も書けなかった〝剛腕〟の素顔』(オークラ出版)をいただく。多くの政治家と接してきた鈴木さんならではの視点で小沢氏の知られざる一面がつづられる。大阪からの帰りの新幹線で一気読み。第五章の単独インタビューで小沢氏が自身の母について語るのが印象的だ。「絶対めげるな、泣き言いうな、言い訳するな」。失礼ながらこれほどの歳になっても、母親の言葉を後生大事にされている純粋さに驚く。

もう一冊車内で読んだ梯久美子著『声を届ける――10人の表現者』（求龍堂）。登場する十人の表現者たちの言葉には、「母」の単語が目立つ。自分がどのように育てられたか、どんな言葉をかけられたか、幸福な関係ばかりではないけど、それでも自分という人間を産んだ人であることには違いない。そんなわたしも大阪出張の帰りに母の顔を見にいく。するといつも母は手作り弁当を持たせてくれる。わたしの好物だけ入っている弁当。遠い昔の遠足を思い出す。

ありもので生きる

○月△日　ちょっと油断したのか、夏風邪を引いた。風邪の引きはじめに出張したら、帰るころには絶不調。歩くのもつらく、歯の根が浮いたように感じる。「歯が浮くようなお世辞」という言葉は聞いたことがあるけれど、疲れすぎると歯は浮いたように疼く。回復して読書生活に戻るのに、かなり時間がかかった。夏風邪、おそるべし。

日常生活復帰後の第一冊は、第二十回松本清張賞を受賞した山口恵以子著『月下上海』（文藝春秋）。著者が「食堂のおばちゃん」ということで話題になった。

文章が波だとすると、この小説は最初ゆるやかで穏やかな波。波音は浜辺を優しく打ち寄せるよう。しかし心地よい波は、寄せては返しなかなかわたしを波の上に乗せてくれない。例えば、主人公の財閥令嬢八島多江子の美しい容姿、洗練された服装の描写が詳しく描かれるため、先へ進むのが遅くなる。しかしある男性が意外な面を見せたところから、波は突然大きくうねり出す。あっという間に体が宙に投げ出され、気がつけば物語の波に溺《おぼ》れそうになっていた。なるほど、詳細な描写もすべて伏線だったのか。

戦時統制下の日本を離れた女の野心、嫉妬、底なしの欲望が渦巻く。彼女の前に次々と現れる謎めいた男たち。中でも多江子の夫瑠《る》偉《い》はつかみどころのない魅力を余すところなく振りまく。スケールの大きな作品だ。

○月△日　書店でその名を見つけると、とりあえず手が出る著者が数人いる。その一人が宮脇檀《まゆみ》氏。建築家でエッセイストである著者の作品にわたしが初めて触れたとき、宮脇氏はすでに鬼籍の人となっていた。
遅れてきたファンらしく、既刊本を買い集めるようにしている。新刊文庫コーナーで見つけた『日曜日の住居学　住まいのことを考えてみよう』（河出文庫）は、違うタイトルで二度別の版元から刊行されているらしいが未読だった。思いがけず宝物をゲットした気分。

タイトルにある通り「住まい」についてのエッセーは軽妙で、知り合いの気のいいおじさんの話を聞いているよう。わたしの中にある理想の住まい論はほとんど宮脇氏のエッセーに感化されたものだ。

「住まい方は生き方」という言葉一つとっても、至極納得いく言葉が並ぶ（現実の住まいはとりあえず目をつぶる）。

子どものころから、家の間取りを見るのが好きで、住宅の広告があるとじっくり眺めて、その家の暮らしを想像していた。生まれ変わったらなりたい職業の一つが建築家なのも、もちろん宮脇氏の影響。文章も書けて、家も建てられるなんて素晴らしい。

家族個々の部屋はいらない。その代わり大きなテーブルを囲んで暮らしたい。いつかかなえたい夢の住まいに想像が膨らむ。

○月△日　世の中、女子会が流行っているらしいが、わたしには縁がない……と思っていたらお誘いを受けた。フジテレビ系『とくダネ！』に出演中の女子メンバーの会合である。

他の曜日のコメンテーターにお目にかかることはめったにないし、毎週顔を合わせる面々でも、生放送の前後にゆっくりと話すことはほぼない。それぞれのフィールドで活躍されている皆さんの話は実に面白い。いつのまにか、視聴者気分で会話を楽しんでいた。

この女子会の音頭をとってくださった深澤真紀さんと作家の津村記久子さんの対談をまとめた『ダメをみがく〝女子〟の呪いを解く方法』（紀伊國屋書店）は、個人的に女子会の前哨戦《ぜんしょうせん》、あるいは延長戦という感じ。本書では「仕事編」「生活編」の二章に分けて、自身の体験を語り尽くし、どうすれば悩みが解消するか、に迫っていく。

パワハラで退社した経験のある津村さん、百五十社以上の就職活動と転職活動をした深澤さんが、この社会を生き延びる方法を「適性」「工夫」「風向き」でなんとかしのいでいるだけ、と言う。料理上手が冷蔵庫のありもので料理するように、自分の中の「ありもの」で生きる、という考え方に共感。よし、読書で一人女子会しようっと。

―封印がとかれるとき―

○月△日　中学生のころ、母が営む飲食店でとっていた新聞を、夕方家に持ち帰って読んでいた。別に不満はなかったが「朝刊は朝に読みたい」となんとなしに言ったところ、ある日から家に朝刊が届くようになった。同じ新聞を店と家の両方でとるなんてもったいない、と却下されると諦めていたのに、母に感謝。インクの匂いがする朝刊を朝読める、普通のことがとてもうれしかった。

ある朝、いつものように新聞を開くと女優山口果林さんの写真があった。『安部公房とわたし』（講談社）という本について語っていた。こういう思いがけない出合いが新聞にはある。

山口さんのことは女優として存じ上げていたが、安部公房との秘められた関係は全く知らなかった。二人の出会いから安部公房の没後の生活まで、六章にわたって描いている。

本を手にとってハッと目を見張るのは、表紙の写真、化粧扉のツーショット。見開きと章ごとに挟まれる互いを撮りあったと思われるプライベート写真。女優でも文豪でもない素顔の二人が映し出されている。

「作家は、発表した作品だけが後世に残っていればよい」と山口さんは考えていたが、自らの伝記という形で、安部公房史に残されなかった自身を浮かび上がらせた。「透明人間にされた自分の人生を再確認」した。

安部公房没後二十年の二〇一三年、本書は刊行された。愛する人を亡くし、その事実を封印してきた女性が自ら語ろうと決めるまでに必要な月日だった。強い意志が込められた書である。

○月△日　人から「面白いよ」と教えられたが、なかなか手が伸びなかった本『ウルトラマンが泣いている　円谷《つぶらや》プロの失敗』（講談社現代新書）。ウルトラマンは兄弟六人、それに父と母がいる、くらいの知識しかないわたしにわかるのだろうか？　と恐る恐る読み出した。これがかなり面白い。食わず嫌いはいけない。
本書はウルトラマンを作った円谷英二の孫で円谷プロ六代目社長、円谷英明氏によるノンフィクション。「特撮の神様」と呼ばれた円谷英二が創立した円谷プロの成功と失敗、栄光と迷走を淡々と語っている。

約半世紀にわたる円谷一族経営の結果、現存する円谷プロには役員、資本も含め一切の関わりがなくなったという。その理由はずさんな金銭管理と著作権問題。

円谷プロはウルトラシリーズで海外進出を図ったが、当時はそれほど利益が出ない時代だった。中でも蜜月状態にあったタイのプロダクションと合作した作品について、タイ側から単独の著作権を主張されただけでなく、その二十年後、「ウルトラシリーズまでキャラクター使用権を譲渡された」という契約書の存在を明かされる！　裁判では三十年も前の契約書が有効と認められてしまった。次々に著作権を手放し、円谷プロという船の乗組員が円谷一族から他の人々に入れ替わっていく過程を見ていると、なんだか仕組まれていたかのようにすら思えてくる。制作会社とテレビ局との軋轢《あつれき》、社内人事、驚くほどの黒字と目を疑うような赤字を繰り返す会社……。円谷一族の手を離れたウルトラマンは、今も人気者だ。でも本書を読み終えたあとでは、ウルトラマンに対する見方が、単なるキャラクターへの視線ではなくなった。ウルトラマンは円谷一族の光と影の結晶なのだ。

○月△日　秋から冬にかけて、読書に関する講演活動が増えてくる。これまでも同種の講演は何度もやっているが、お越しいただいた方に楽しんでもらえるにはどうしたらいいか、と常に考える。そこで手に取ったのがジェレミー・ドノバン著

『TEDトーク　世界最高のプレゼン術』（中西真雄美訳、新潮社）。TEDとは自分の考えをプレゼンテーションすること。

聴衆を「みなさん」ではなく「あなた」と呼びかける。小学六年生が理解できるレベルの言葉で話すなど、基本的だが忘れがちなポイントがつづられる。「えー」「あのー」などの間もたせの言葉を防止するには？　という耳が痛い指摘も。すぐ上達するとは思えないが、「千里の道も一歩から」の心持ちである。

本の愛は伝染する

○月△日　外出すると、特に用はなくとも書店に立ち寄る。新宿なら紀伊國屋書店、渋谷はMARUZEN&ジュンク堂書店、銀座なら教文館、という具合に。新刊本をチェックするのは、趣味でもあり仕事の一環でもある。日本では一日二百点余りの新刊が出ているらしいが、どれだけ大型店でもそのすべてを置くのは無理だろう。そう、本に出合うのは縁とタイミング。出合ってしまった気になる本はとりあえず買うに限る。

ある日の教文館で見つけた一冊、風野《かざの》春樹著『島田清次郎　誰にも愛されなかった男』(本の雑誌社)。副題の「誰にも愛されなかった」という文言が妙に気になって手に取った。

島田清次郎は「島清」と呼ばれた流行作家。早くに父親を亡くした島清は祖父の庇護による裕福な小中学生時代を送ったが、その後極度の貧困状態に陥った。両極の生育環境を経験した彼は「偉くなる」という漠然《ばくぜん》とした目標を立て、やがて作家を目指すことに。

とにかく強烈なキャラクターだ。傲慢《ごうまん》で負けん気が強い。女性に対して暴力的なのに、初対面の人にはおとなしい印象を残す。デビュー作『地上』が大ベストセラーとなった島清の作品は、ほとんどが自分の身の回りを自分勝手に脚色して描く手法を取る。同世代の人物を主人公にした作品は、若者たちに熱狂的に受け入れられた「ヤングアダルト小説」の祖と著者は記す。

自らを「天才」と称し、相手が誰であろうと不遜《ふそん》な態度を崩さない。誰にも相手にされなくなった島清は二十五歳で早発性痴呆《ちほう》(現在の統合失調症)と診断され入院し、三十一歳で亡くなるまで病院を出ることはなかった。本書の後半は病院で創作を続けた島清の病状についても迫る。「誰にも愛されなかった」とあるが、母のみつは彼を見捨てなかった。そして著者もまた彼に愛を持っている。

わたしも「島清みたいな人がそばにいたら本当に困る！」と思いながらも、読後、島清が気になって仕方がない。本の愛は伝染するようだ。

○月△日　本も好きだが、映画も好き。町山智浩著『トラウマ恋愛映画入門』（集英社）は、二十二本の恋愛映画を紹介する。例えば『エターナル・サンシャイン』（二〇〇四年）は、嫌な恋愛の記憶を完全に消去しようとするカップルの話。主演のジム・キャリーは陽気なコメディー俳優のイメージが強いが、本作では気弱で孤独な男を見事に演じている。記憶を消す段になって、その記憶の大切さが分かってくるが、どんな記憶でも、今の自分を作った記憶であることには変わりない。もう一度映画を見ている気分になった。

『ブルーバレンタイン』（二〇一〇年）は公開当時見そこねてそれっきりだったが、見たことがないのに見たような気分になるあらすじ紹介。かなりわたし好みの映画だと確信。

『アルフィー』（一九六六年）は女たらしの主人公アルフィーを名優マイケル・ケインが演じる。色っぽく魅力的なアルフィーは女性にモテまくり、次々と意中の女性をゲットするが、相手がアルフィーに夢中になると、とたんに冷めてしまう。

わたしはこれまで積極的に恋愛映画を見てこなかった。しかし『アルフィー』の章を読んで、恋愛映画から学ぶべきことは多いと感じた。と思ったら帯にちゃんと書いてあった。

「恋愛映画は、人生の予行演習だ」

○月△日　新幹線に乗る前に立ち寄った書店で見つけた松竹伸幸著『憲法九条の軍事戦略』（平凡社新書）を買う。「憲法九条」と「軍事戦略」がセットになった相いれないタイトルに惹かれた。

護憲の外交戦略とセットになる軍事戦略を提示し、戦後の日本の軍事戦略を振り返りながら、日本の安全、平和にどれほど影響してきたかを解いていく。これは新しい考え方だと目を見張った。同時に九条の問題だけでなく、あらゆる問題に応用できそうだ。ものの考え方、視点の持ち方は広く、深くあるべきだと痛感。

護憲派も改憲派も目指すところは日本の平和であることは間違いないのだから。

患者を見送る医師の胸のうち

○月△日　今年を振り返るには少し早いけど、忘れないうちに書いておく。一月に人間ドックを受けたところ、二カ所について「要検査」と出た。気は進まぬが病院へ行くしかない。そしてふと思い出した。数年前に頭痛が長引いたとき、町の医院で薬を処方してもらい痛みは治まったのだが「気になるようでしたら精密検査を」と言われていたのだった。この際だ、三つまとめて調べよう。覚悟を決めて総合病院に行き、三つの科を回って検査を受けた。結果、必要な治療を受け、経過観察することに。どれも今のところは問題ない。ホッとするのと同時に「健康体」と思っていた自分がこんなに病院へ通う羽目になるとは、とショック。

病院で長時間待つのはツライが、医師や看護師はもっと大変だろう。気を抜く暇がないのだから。里見清一著『見送ル　ある臨床医の告白』（新潮社）は、現役の医師が書いた小説ということで興味を持った。

臨床医の「私」が告白するという形式で物語は進行する。基本的には「私」が患者を見送り、新たな患者を迎えることを繰り返す。末期がんの患者の容体が悪くなり、「私」は真夜中に呼び出された。「私」は患者の命が尽きることを既に知っている。患者をみとったあと、ほぼ不眠のまま外来へ。予約患者をさばき、一段落したころに新人ナースからのコール。

「里見先生ですか？　十七階病棟ですけど、霊安室から、お迎えだそうです」

「霊安室に誰をお迎えに行くのよ。お見送りだろうが」

朝まで預かっていた遺体を、葬儀屋が引き取りに来た、という意味でナースは言ったようだ。しかし「私」にとって患者を「見送る」とは、患者が亡くなることである。

　病院通いをしていると、医師が神か仏のように思える時がある。しかし「私」は患者への好意も隠さず、ある美人患者が亡くなった際は、尋常でない落ち込み方を見せる。もし彼女が発作を起こす前まで時を戻すことができたら、結婚を申し込んで生涯面倒をみることを検討したかもしれないとまで言う。

　これほど一人一人の患者に入れ込んで、医師として精神が疲弊しないだろうか、と少々心配になった。いや、これは小説だ。どこまでが真実かは分からないが、「私」という人物をこれほど立体的に描き、読ませるのだから、わたしはすでに「私」の掌《てのひら》の上にいるのだ。この掌は心地よい。

○月△日　絶版になる本も多いが、既存書を文庫版で復刊するという試みもある。文庫版だが値段は少々張る。しかしラインナップは面白そう。文藝春秋編『天才・菊池寛　逸話でつづる作家の素顔』（文春学藝ライブラリー）は、「芥川賞」「直木賞」の創設者としても知られる菊池寛の本。菊池本人、周囲の人間による短いエッセーを積み重ねることで菊池寛像が浮かび上がってくる。

少年時代、縁日に行った菊池少年は植木屋で「五銭」の植木を買う意志もないのに「五厘《りん》にしろ！」と言った。すると本当に五厘になってしまった。しかし五銭どころか五厘の金も持っていなかったため、植木屋に罵倒《ばとう》された。この時自分で金を持たない悲哀を感じたという。その後、作家尾崎紅葉の妻が困窮していると聞くと、なんとかお金が回るようにかけ合ったという。「せっかち」で「無頓着《むとんちゃく》」ともあるが、実に小さなところにまで目を配る人だったのだろうと想像した。

○月△日　今年（二〇一三年）の冬、妹に初めての子供が誕生予定。日に日に大きくなるおなかを不思議な思いで眺めている。中場利一《りいち》著『離婚男子』（光文社）は、家財道具一切とともに消えた妻を、仕事と二歳児の育児をしながら探す夫の物語。舞台は大阪。関西ならではのコテコテな会話劇が楽しい。はたから見れば天使のように可愛い二歳児だが、実際育てるのは大変だろうな、と読みながら思う。自分もかつて産んで育ててもらったのに、その記憶は皆無。覚えはなくとも、とりあえず親や世話になった親戚には感謝し続けておこう。

――あの人に「再会」――

○月△日　二〇一三年がまもなく終わる。わたしは一九八九年の夏に就職（デビュー）したので、来年でちょうど芸能生活二十五年。それを人に話すと、一様にこう言われる。

「よくこれまで（仕事を）続けてこられましたね」

一つ目の会社を辞めた後、半年ほど休んだが、それ以外はずっと働いてきた。何の保証も後《うし》ろ盾《だて》もないのに、途切れることなく仕事を続けてこられた（つまり辞めずにすんだ）。この場を借りて仕事を与えてくださった皆々様に感謝。来年も引き続きよろしくお願いいたします。

定年のない世界において、自身で引退を決め、五十八歳にして惜しまれながらもすっぱり辞めてしまった方もいる。戸田学著『上岡龍太郎話芸一代』（青土社）は、子どものころからテレビで見続けてきた上岡さんの芸に迫った一冊。表紙には「芸は一流、人気は二流、ギャラは三流、恵まれない天才、上岡龍太郎です」の文字。久しぶりに上岡さんに会える、と興奮してしまった。

と書いたが、わたしは一度しかお目にかかったことはない。関西テレビ「ノックは無用！」に出演したときのことで、あまりの緊張で何を話したか全く覚えていない。本書を読み進めていくと、わたしが知っている上岡さんは芸能生活のだいぶ後半の方で、ほとんど知らないに等しかった。録画、録音されていない当時のラジオ、舞台の記録を関係者だけでなく上岡さんにも取材し、見事に紙面に再現している。頭の中で上岡さんの声が聞こえてくるよう。

ロカビリーバンドの世界から、バンド司会を経て、横山ノックに誘われトリオ漫才「漫画トリオ」に参加。当時の芸名は「横山パンチ」。

ところで上岡さんの本業は結局のところ何だったのか。漫談、ラジオＤＪ、演劇、講談、テレビ司会者……。話が抜群に面白くて、口調によどみがない、毒があって、品がある。現在においてどこを見ても似たような人がいない。稀有《けう》な存在としか言い様がない。

夢がかなうなら、復帰してほしい。しかし上岡さんを知らない世代には本書は楽しめないだろう。よかった楽しめる世代で。よかった一度でもお目にかかれて、としみじみ思う。

○月△日　ゴールデンウイーク、夏休み、そして年末年始は大作映画が次々に公開される。全部は無理としても、多分数本は見に行くだろう。

野副正行著『ゴジラで負けてスパイダーマンで勝つ　わがソニー・ピクチャーズ再生記』（新潮社）は、ソニーが買収したものの長らく低迷を続けた映画会社を立て直した日本人経営者の回想録。

「片道切符だな」と出井伸之社長から告げられた著者の出向先は、ハリウッド大手映画会社の中で最下位となっていた。社を立て直すには「成功例を作る」のが大事。出来が良いのに事前の反応が薄い映画の予告編を作り直して、女性の観客を呼び起こした。ようやく自信を取り戻しつつあったのに、米国版「ゴジラ」では失敗。そこからヒットする映画のセオリーを学んでいく。

日本でも映画は「ギャンブル」に喩《たと》えられる。当たると大きな収益が見込めるが、駄目だと制作費も取り戻せず、大変な借金を負うことになる。しかし失敗を恐れて萎縮すれば、映画作りはできない。

失敗すら「計算の範囲内」に持ち込み、社のお荷物だったCG担当職人集団を独り立ちさせ、アカデミー賞を取るまでに導く手腕に脱帽。

映画のようなサクセスストーリーだ。

○月△日　第一回日本エンタメ小説大賞優秀賞を受賞した初瀬礼著『血讐《けつしゆう》』（泰文堂）は、映像化を前提に作られているだけあって、読みながら絵が浮かぶ。真夏の秋葉原で起きた無差別殺人、被害者となったアルバニア人の少女の両親が誓う復讐とは？　もし映画化するとしたら、かなり大掛かりなロケになりそうだ。物語は思いがけず加害者、その家族になった者、周囲の人間の心を詳細に描き、人々の声なき声をすくい上げる。これは映像ではできない業《わざ》。活字はアナログだが、時にどんなCGより素晴らしい。

敗者の歴史を知る

○月△日　二〇一三年の年末はいろいろ大変だった。クリスマスイブに妹が出産し、ついにわたしも伯母デビュー。目の前にいる、泣くか寝ているかの小さな生命体と自分が血縁ということにまだ慣れないでいる。

これまで年末といえば身内が亡くなるばかりだった。わたしの誕生日（十二月二十六日）は祖母の命日でもあり、なんとなくパッと騒げない期間でもあった。そんな年末に迎えた新しい命。興奮が収まらないまま、初孫誕生に沸く両親を駅まで迎えにいった。

赤ん坊の世話に追われる妹とベテランらしく教える母。母が赤ん坊に接する様子はそのままわたしたち姉妹が新生児のころにしてもらったことだろう。母親はすごい。今更だけど感謝している。

昼間は邪魔にならない程度に家事・育児を手伝いながら、夜は読書。玉岡かおる著『虹、つどうべし　別所一族ご無念御留』（幻冬舎）を読んだ。著者の玉岡さんは小説の舞台となった兵庫県三木市の出身。幼いころに城跡で遊び、石碑に刻まれた戦国武将、別所長治の辞世の句に触れていた。その後、別所一族の末裔《まつえい》というN氏と出会い「ぜひ長治を書いてほしい」と言われた。

織田信長に反旗を翻し、秀吉から兵糧《ひょうろう》攻めを受ける「三木の干し殺し」に至るまでの別所一族の運命を多面的に描く。秀吉の軍師、黒田官兵衛から命を受け、終戦工作に奔走する女間者《かんじや》・希久は、思いがけず長治と心通わせ、間者としての役目と一人の女としての情に揺れる。

歴史は勝者によって作られ、敗者のことはほとんどつづられない。光と影にたとえるなら敗者は影の存在である。著者が幼いころに触れた辞世の句、そして別所一族の末裔のN氏からの願いが長い時間をかけて影に光を当てた。惜しむらくは、あとがきにあるようにN氏が亡くなってしまったことだ。この小説を読んだらどれだけ喜ばれたことか、と思わずにいられない。

○月△日　毎年年が明けると「そろそろ室内も飽きたかも」と両親をどこかへ連れ出すのだが、今年は新生児がいるので、家族総出で出かけるのはやめた。そうしたらなんと楽なことか。毎年「温泉、映画、初売り、初詣、ニュースポット」と目的地を探すのが結構プレッシャーだったことに気がついた。家にはこの世に生まれて一週間ほどの赤ん坊がいる、赤ん坊の指先にくっついている米粒ほどの爪を見ているだけでも飽きない。
家族全員で気軽に楽しめるものといえばテレビ。正月は特別番組も多く、二月はソチ五輪がある。見逃せないのはフィギュアスケートだ。

トリノ五輪の金メダリスト、荒川静香さんの著書『誰も語らなかった 知って感じるフィギュアスケート観戦術』（朝日新書）を手に取った。フィギュアスケートを見る際、単純に「ミスがなかった」「奇麗だなぁ」という見方しかできず、採点法については全くわからなかった。

驚いたのは、採点方式は毎年のように変更されているということ。ジャッジ個人の主観と裁量が大きく反映される方式から、客観的に分かりやすくするためだったそう。そのせいで以前はジャンプが少しでも回転不足だと、回転数が少ないジャンプとして記録され、選手のモチベーションが削《そ》がれていた。改訂を重ねて今はたとえ回転不足でも、挑戦したことが記録に残るようになった。

「無難に飛ぶのもいいけど、挑戦しなければフィギュアスケートじゃない！」とひそかに思っていたので、このルール改訂には納得。荒川さんの説明は、明快で実技者ならではの説得力がある。

○月△日　年越しで読んでいる坂口恭平著『坂口恭平　躁鬱《そううつ》日記』（医学書院）がじわじわと面白い。躁うつ病を抱える著者自身を乗り物に喩え、周囲の人と一緒に「操縦する」という発想で病と共存する。読みながら躁うつ病を遠くから眺めたり、著者を至近距離に感じたりする。

たとえ病気でなくても、生きることは困難に満ちている。だけど困難と希望は隣り合わせなのだと思う。今はまだ泣くか寝るかの赤ん坊の人生が希望に満ちるように願う。

立花隆さんの書斎

○月△日　昔の話を、年上の人が語ってくれることがある。

例えば戦争のことだったり、大きな事件、事故だったり、ある時代に流行った歌や服装のことだったりする。そういう場面に居合わせると、どう反応していいかわからずに戸惑ってしまう。わたしには何の知識もないのに、どうして話すのだろうとさえ、思っていた。

しかし最近は変わった。年下の仕事仲間や知人に「前にこんなことがあってね」「こういうのが流行っていたんだよ」とわたしから語ることが増えたからだろうか、語りたくなる人の気持ちが少しわかるようになった。そうすると今度は誰かの昔話を聞いてみたくなる。

磯前順一著『ザ・タイガース　世界はボクらを待っていた』（集英社新書）を開いたのは、そういう気持ちからだった。昨年（二〇一三年）末、タイガースが武道館で再結成をしたことは知っているが、全盛期のことは知らない。子供のころ、沢田研二さんがテレビで『ＴＯＫＩＯ』を歌っていた印象は強烈に残っている。確か母は「ジュリー」と呼んでいた。仕事を始めてから映画で岸部一徳さんと共演させていただいたことがあるが、俳優としての活動しか見たことがなかった。知らないのも当たり前で、わたしが生まれる前にタイガースは解散していた。

京都から上京してきた五人の少年——瞳みのる、森本太郎、岸部修三《おさみ》（現在は一徳）、加橋かつみ、沢田研二はもともと「ファニーズ」というバンド名でビートルズなどを演奏していたという。東京に来てからはマネージャー中井國二氏とともに「二段ベッドのせまい部屋での合宿生活」を送った。タイガースの青春記と思いきや、人気を博すとともに周囲の思いとタイガースメンバーたちの思いがすれ違っていき、業界の思わぬ事情が明かされていく。

ある時から、新曲のレコーディング演奏をスタジオミュージシャンが担当し、沢田のボーカルと、メンバーのコーラスを吹き込むだけになってしまった。あまりの忙しさに録音日に集まることができなくなってしまった結果だが、タイガースは

「作られたアイドル」という評価につながっていき、メンバーは悔しさをにじませることとなった。

短く説明できない紆余《うよ》曲折《きょくせつ》を経て昨年の再結成と相成ったのだと思うと、胸に迫るものがある。たとえタイガースの活躍を知らなくても。

○月△日　年に二回の文学界のお祭り（と勝手に呼んでいる）、芥川賞・直木賞が発表された。今回は第百五十回の節目。芥川賞は小山田浩子著『穴』、直木賞は姫野カオルコ著『昭和の犬』、朝井まかて著『恋歌《れんか》』の二作だった。ずっと応援してきた姫野さんの受賞はうれしかった。一方の朝井さんは初ノミネートでの受賞。受賞作『恋歌』（講談社）は樋口一葉の歌の師匠である中島歌子の生涯をつづる。幕末の江戸から水戸の武士のもとへ嫁ぎ、過酷な運命に巻き込まれる歌子。世間知らずなのに、妙なところで度胸をみせる歌子が魅力的。熱烈な恋愛の末に一緒になった夫との別れ、命からがら水戸を出るまでの苦難。一葉の名が大きすぎて、その師に目を向けたことがなかったが、なんという激動の人生！　姫野さんの『昭和の犬』も素晴らしいが、『恋歌』も読み応えたっぷり。

○月△日　小石川（東京都文京区）の通称「ネコビル」へ行く。ここはジャーナリストで作家の立花隆さんの仕事場兼ご自宅。玄関から中へ一歩入ると積み上がった本が目に入る。書斎へ続く階段一段一段に本、本、本。許されるなら一冊ずつ開いて確認してみたかったが我慢した。このネコビルの本を一冊に収めてしまったのが立花隆著『立花隆の書棚』（写真・薈田純一、中央公論新社）。壁という壁がすべて本に埋め尽くされた、本に囲まれた空間が見事に写真に収められている。案内されて書斎の端っこに座り、立花さんと小一時間対談。写真撮影を済ませて、ネコビルをあとにした。うちに帰ってから書棚の写真を見返し、なんとなしに書斎の間取りを確認した。その時気づいた。わたしが座っていたあの場所は、立花さんのベッドだった。

愛娘が描く「父の肖像」

○月△日　仕事を始めて今年（二〇一四年）で二十五年を迎える。年上ばかりだった仕事相手にじわじわと同世代が増えてきた。会社勤めの同世代にはそれなりの肩書、役職がついている。翻ってわたしにはそういうものがない（この場合、職業ではなく、あくまで会社における役職のこと）。何もないのは、すこしばかり心許《こころもと》ないようにも思う。

奥田亜希子著『左目に映る星』（集英社）を読み終えて、さっき思ったことが雲散霧消してしまった。第三十七回のすばる文学賞を受賞した恋愛小説が深く心をえぐった。

主人公は二十六歳の早季子。小学五年生で出会った吉住を忘れられないまま大人になってしまったせいで、これまで誰にも恋愛感情を持てずにいた。

一方、恋愛経験のない宮内はアイドルのリリコに夢中。ある共通項が出会うはずのない二人を結びつけた。

恋愛小説はそれほど好まないのだが、この物語には大いに共感した。早季子と宮内、お互いに手の届かない虚像へと思い募らせて、自らの孤独をかみしめている。

自分だけが抱いている（と思う）感情をわかり合える相手がいたら、それだけで特別な（恋愛と限らずとも）感情を相手に持つだろう。

この小説はどんな相手もわかり合えず、言いたいことが伝わらないという事実を恋愛小説に著したのだ。

先の話に戻るが、役職や肩書は社会において一つの記号として機能する。しかし今それらを持ったところで誰にアピールしたいのかは正直自分でもわからない。多分わたし自身を知らない誰かにわかってほしい、あるいはわかってもらうためのものなのだろう。

あまり構えず読み出した小説に、いきなり真理を突きつけられて戸惑った。著者の今後が楽しみだ。

○月△日　生物学者の福岡伸一さんの『動的平衡　ダイアローグ　世界観のパラダイムシフト』（木楽舎）が面白い。作家のカズオ・イシグロ、玄侑宗久《げんゆうそうきゅう》、建築家の隈研吾、画家の千住博など、さまざまな分野で活躍する人々と動的平衡について語り合っている。寝る前に一章ずつ読んでいると、静かに語りかけられるようで心が落ち着く。

この本はシリーズ三作目。「動的平衡」とは鴨長明『方丈記』の冒頭にある「ゆく河の流れは絶えずして、しかももとの水にあらず」と同じ考えなのだと思い至った。

なかでも米国の進化生物学者、ジャレド・ダイアモンドとの対談が興味深い。日本の子供の教育方針に「嘘をつかない、盗みをしない、他人に迷惑をかけない」という徳目があるが、「他人に迷惑をかけない」は他国ではあまり重要視されないという。アマゾンの奥地では「嘘をつかない」すら通用しない。重要なのはどんな過酷な環境でも「自分で生きていけること」。「子育てにまつわる価値観は社会ごとに大きく異なる」ので、社会に優劣はなく、地理や気候、環境が違う中でたまたま成り立っている。さまざまな因果関係が複雑に絡《から》み合い、影響し合うことが「動的平衡」と呼ぶものなのだ。

小説、建築、芸能、文明、そして教育もまた動的平衡で成り立っている。この世にあるものは、同じ状態でとどまるものはなく、常に変化し続ける。ならば変化することを楽しんでいかなくては！

○月△日　世田谷美術館（東京）にて「岸田吟香《ぎんこう》・劉生《りゅうせい》・麗子《れいこ》　知られざる精神の系譜」展を見る。新聞記者で実業家、教育者でもある吟香の軌跡、息子の劉生は愛娘をモデルにした『麗子像』の連作を残した。この親にしてこの子がいる、まさに精神の系譜というべきものを堪能した。帰り際に岸田麗子著『父　岸田劉生』（中公文庫）を購入する。

『麗子像』として多くの人に知られる劉生の長女麗子が残した唯一の父の評伝であ

る。早世した父の日記、周囲の人々からの聞き取り、麗子自身の記憶から、長く砂に埋もれて壊れやすくなった石碑をそっと掘り出すように劉生を浮かび上がらせる。敬愛する父に近すぎず、遠すぎず絶妙な距離を保つその筆致は、初めての著作と思えぬ風格。父と同じく早世してしまったことが惜しい。

III

書評の本棚

人の書評を読むのは好きですが、自分で書くのはもっと好きです。でも書くときには緊張します。どんな風にこの気持ちをつづろうか、と思い悩みます。

この気持ちを喩《たと》えるならば……「大好きな作品へのラブレター」それがわたし流の書評です。

美しいものは消えない

二〇〇八年の一年間、月に一本、テレビドラマの脚本を書いていました。テレビドラマには大抵いくつかの制約（条件）がありますが、今回は「主人公は中高生の女子であること」。

それ以外の内容はお任せとのお達しに、友情、恋愛、家族間のすれ違いなど、書いているときだけ気持ち十代女子になりきって一喜一憂していました。そして一本書き終わるたびに、

「こんな青春、送りたかったな」

と、ふと我が青春を振り返りました。

わたしは高校一年の夏に故郷大阪から単身上京しました。

とりあえず夜間高校に編入したものの、夜間通学というシステムや人間関係も含めた環境にどうしても馴染めない。そのうち日を追うごとに忙しくなったため、通学日数が少ない高校へ転校することに。結局三つの学校を渡り歩いた末、通信制高

校に落ち着きました。東京で通った学校はすべて決まった制服がなかったので、わたしにとって制服とは、学生役を演じるための「衣装」でした。

こんな風に書きだしてみると、なんだかむなしい学生時代ですね。

でも当時はそんな風に思いませんでした。「あなたは仕事をするために来たんでしょ」と周囲の大人から言われていたし、わたし自身ももちろんそのつもり。恋愛も遊びも、むろん学生の本分である勉強など面倒くさいことはなるべく回避し、余計なことは考えず目的である仕事に邁進《まいしん》しなくちゃならない。

それがわたしの青春でした。

でもどこかでその「面倒くさい」ものを求めていたのかもしれません。そんな時、当時通いつめた本屋で出合ったのが遠藤周作著『砂の城』でした。

本書の舞台は一九七〇年代の長崎県島原。高校一年の主人公早良《さがら》泰子と友人水谷トシは将来の希望と不安を感じ始めている。当時の女性は高校を卒業したら結婚するか、花嫁修業の一環で進学するというのが主流。色々と考えた末、地元短大にそろって進んだ二人の運命は、ある分岐点でバラバラになっていきます。

泰子は大学生の西宗弘と出会い、淡い恋をします。トシは大学をやめて星野という男と神戸へ向かいますが、男に流されるままに犯罪に手を染め、刑務所へと送られるのです。

　その後、西は過激派グループに加入し、ハイジャック事件を起こします。その飛行機に偶然乗り合わせたのが、スチュワーデス（現在の客室乗務員）となった泰子でした。

　読んだ当時、トシの生き方は理解に苦しんだし、「過激派」という言葉すら知りませんでした。ただ、あるセリフがこれまで感じたこともない衝撃をわたしの心に与えたのです。

　物語冒頭で戦争に行く前に母の初恋相手の残した言葉が、泰子に託した母の手紙につづられています。

「負けちゃ駄目だよ。うつくしいものは必ず消えないいんだから」

　この言葉がズシンと胸を打ち、涙がこぼれました。

「戦争」という個人には何の責務もないことに巻き込まれて、明日をも知れぬ男が、初恋の人を亡くす恐怖に怯《おび》える少女にかけた言葉です。が、わたしには自分にかける言葉のように聞こえました。

　親と離れて暮らす寂しさ、学校や仕事場でうまく立ち回れない自分へのいら立ち、どうにもならない激しい感情に駆られ、何もかもが自分の敵のように思えて仕方なかった時、わたしはそういう感情に対し鈍感になろうとしていました。感情を無視すれば、たとえ傷つけられても平気だと考えたから。それはたぶんわたしがもっと子どもだったころからの、辛い時をやり過ごす方法でもありました。

しかし演技や歌のレッスンでは感情を出すことを求められます。いつもどうしていいかわからず、失敗ばかりしていました。

一時ブレる、ブレないという言葉が政界で頻繁に使われていましたが、それに喩えるなら、当時のわたしはとにかくブレずにいようとしていたのです。

しかしブレない状態というのは、十分にブレた後に定まることをいうのでしょう。

十代の子どもは、自力だけで自分の位置は定まりません。あれこれと翻弄《ほんろう》されることによって考えや精神が研磨され、そして時代や場所など、自分以外の何かの力によって、ブレないでいられる地点までいつのまにか持っていかれる、そんなものだろうと思います。

「うつくしいものは必ず消えない」という言葉は、表面的な美しさを示すものではなく、研磨されたのちに残るものを指している、と解釈しました。

思春期、青春期のブレまくりの時期に、いきなりひとつのことに打ち込もうとするわたしに疑問を投げかけ、「突っ張らずとも自然に位置は定まる」というような答えを一篇の小説がくれました。

人生を変えた本という取材などで、『砂の城』を答えに挙げることがありますが、その理由は少しずつ変化しています。読み返すその度《たび》に、本書は一字一句変わっていないのに、読み手の自分が青春時代からどんどん離れた分、急にわかることがある。そして自分の子どもの青春を眺めるような立場でいることに気付きます。当時の自分を心の中で抱きしめて「負けないで。うつくしいものは消えないんだから」と声をかけているのかもしれません。

ところで、私がこの本を手に取ったきっかけは、そのタイトルにあります。砂という脆《もろ》く、すぐに壊れてしまうものと、堅牢なイメージの城を組み合わせた「砂の城」。実はある女性歌手の歌のタイトルと同じ。この歌が大好きでした。きっとこの小説がその源だったのですね。そんな共通点にも惹《ひ》かれてやまない一作です。

遠藤周作『砂の城』(新潮文庫)

花火のように散る恋

心にさらりとはいってくる十の短編が収められている。読みながら昔の写真を眺める気分になった。集合写真の中に自分の姿をすぐ見つけ出せるように、本書の中に自分の面影《おもかげ》を見てしまう。

「手紙」は大学生の千穂の恋物語。恋人宅で、昔の彼女からの手紙を見つけた千穂。それから間もなく、彼から別れを告げられる。食事のあとホテルへ行き、帰りのタクシー代まで用意された別れの儀式。千穂はその儀式に静粛に臨む。手紙を見つけた時から、もう別れは始まっていたのだ。いつ終わるか、もう終わらせよう、とする恋はもはや形骸化《けいがいか》している。だけど人は、その恋が終わるまで、生を吹き込むことをやめられない。

「朗読会」はかつてのように夫を愛せなくなった美紗が主人公。いつも朗読会を口実に愛人と会う。夫は愛人の存在を感じながら送り出していると知っている美紗。夫も愛人もいるのに、どちらとも愛し合っていない。愛人との約束を破り、朗読会へ参加したあと、夫のいる家に帰る美紗。でも自分はどこへ帰ろうとしているのか、と惑う。

淡々とした筆致に浮かび上がるのは表向き穏やかで平和に見えながら、中に渦巻くのは絶望に似た感情。愛し愛されることなしに日常を生きていく過酷さが染みてくる。

しかし愛されたいと思う自分が、真に誰かを愛することが出来るのかはわからない。いつかは燃え尽きる花火のように、恋愛感情が火花を散らすのはほんの一時期だと主人公たちは知っている。

あんなに好きだった人を、これ以上ないくらいに嫌いになる。自分でも知らぬうちに変わってしまう心は、本当に自分の心なのだろうか。読書中、そんなどうしようもない自分を突きつけられた。

恋は手に入れた途端、ただの石になってしまう。それでも手放すには惜しい宝石なのだろう。

二度と食べたくないけど、あの恋が最後では寂しすぎる。大人にこそわかる「あまい」小説。決して味に飽きることのない、理想的なごちそうだ。

井上荒野『もう二度と食べたくないあまいもの』（祥伝社）

不確かなものに惹かれ

人は、人のどの部分に恋するのか。

たとえば相手の顔。その一挙手一投足。一旦好きになれば、耳の形や匂いまでもが愛《いと》おしいものに感じられる。

つまるところ、恋愛感情とは、究極の思いこみなのかもしれない。なぜならあれほど好きだったすべてが、心が冷めた途端、好きになる前の（好きでも嫌いでもなかった）フラットな感情に戻るわけではなく、もう二度と会いたくない、絶対触れられたくないほどに嫌いになるからだ（主に女性の場合）。我が心の反転を恋した相手に申し訳ない、と思うほどに。

『プリズム』は、恋愛という当人にもどうにもならない不可思議な感情を、これ以上ないほど適切な設定で描いた恋愛小説である。すべての感情は、自分の思いこみと相手の思いこみで成り立っているのではなかろうか。

主人公の梅田聡子は、家庭教師として通い始めた岩本家で、謎めいた男性と出会う。豪奢《ごうしゃ》な岩本家の庭の離れにひとり暮らすその男性は、出会う度に違う印象を残す。聡子はいつしか彼に惹かれていく。

彼の秘密は、この小説のひとつの核である。核は小説の前半で、他ならぬ彼の口からあっけなく明かされる。しかしそれがわかったからといって、この作品の価値はそこなわれない。そこからが面白さの真骨頂《しんこっちょう》なのだ。

読者はとことん試される。揺さぶられる。聡子の中に宿る恋の感情が本物なのか。そして彼女を愛する男は、確かにそこにいるのか。誰にも真理はわからない。人をこれほど惑わす恋愛の姿を、誰も見た者はいないのだから。

偶然にも本書の参考文献に挙げられた本を、いくつか読んだことがあった。わたし自身がある時期、興味を持っていた分野だったからだ。それらの本に書かれた、家族というパンドラの箱に隠された壮絶な現実に胸がふさいだ。（内容はあえて伏せるが）信じるのも疑うのも辛すぎる彼、彼女らの生い立ち、誰にも救われなかった人々の悲劇は、こちらの心を強烈に刺激し、芯まで震わせた。

そうした経緯があって、この小説を読みだした。この世にあってほしくない現実と、恋愛がどんな風に絡《から》み合うのか、少々不安な気持ちもあった。しかし中盤過ぎて、「これはまぎれもなく恋愛小説だ。しかもこれまで読んだことない恋愛小説」

と気がついた。あとは夢中になって読んだ。

さきほど「これ以上ないほど適切な設定で描いた恋愛小説」と記したが、見えない感情を描くのに、小説ならではの技が生きる。聡子の心の揺れ、彼の心の中の葛《かっ》藤《とう》が、こちらの胸の中に、立体的に投影される。小説の中の、目の前にいない相手がくっきりと浮かび上がってくるのだ。

対して、テレビや映画で量産されてきた恋愛に関する映像は、結局作り手のイメージ映像である。そのイメージ映像を繰り返し見てきた視聴者は、知らぬうちに「恋愛」の勝手なイメージ映像を思い浮かべるようになる。そう、人はこうして自分の思いこみで恋をするのだ。わたしの思い描いた「理想の人」はこの人だ、と。

ここで、はたと疑問が浮かぶ。聡子が恋した相手が、彼女の理想の人だったのか？　もしくは理想の相手に出会ってしまったから、聡子は恋に落ちたのか？

「理想」は、決して手に届かない。完ぺきな存在であってほしいものだからこそ言葉として存在する。その理想の相手に出会ってしまえば、結果においてこれ以上求めるものがなくなってしまう。それは恋愛のゴール・幸せに成りえるのか。

どこまでも矛盾した恋愛感情は、危なっかしくも不思議なバランスで、相思相愛のクライマックスへ上りつめる。彼女と「理想」の彼を引き止める者はいない。彼らに用意された悲しくも美しいラストシーンは、胸にズシン、と響くものであった。

さて、タイトル『プリズム』に重ね合わせられたのは、聡子の愛する男性自身であった。読み進めていくうちに、彼だけでなく、聡子も、聡子の夫も、岩本家一同の中にもあらゆるプリズムがある、と感じてきた。小説の「適切な設定」に以前から興味を惹かれていたわたしにも、ふと心の中にプリズムがあることに気がついた。

人はあらゆる光の複合体のようなものである。この場合の光とは、人の感情を示す。人は日々あれを求め、これを排し、と忙しい。持て余した感情をコントロールしようとするが、いつまでたってもうまくいかない。

小説『プリズム』の面白さは、そんな人の放つ光を、ひとつずつ眺めるようなところにある。その美しい輝きに、わたしたちは聡子と同じように魅了されるだろう。そこには存在しない、とわかっていながらも、読まずにいられないのだ。

百田尚樹『プリズム』(幻冬舎)

あきらめなければ間に合う

就職氷河期といわれて久しい今日。親のすね、いや、ひざまでかじっているフリーターの主人公が一念発起《ほっき》して家を買うという物語。「仕事」の意味を主人公の成長とともに考えさせてくれた。

主人公は就職した会社を三カ月で辞めた。「ここは俺の場所じゃない」。スタート位置を間違えた、と退社したが、新しい「俺の場所」は見つからない。とりあえず仮の職場を転々とすることに。

「まだまだ若い。まだまだ大丈夫」「本気になればきっとどうにかなる」と自分に暗示をかける一節は、自分を受け入れてくれない世間が悪いという自分本位な若者らしいぼやきだ。そんなある日、母が重度のうつ病にかかっていることが発覚する。

嫁いだ姉が実家に乗り込み、母の異変に気づかなかった父と弟を罵倒《ばとう》する場面は痛快。母の背負ったストレスの大きさを姉から知らされ、これまでの自分の能天気さを痛感する主人公。ようやく本気で動き出すが、世の中は甘くなかった。

自分の正しさや価値観、道理は再就職ではむしろ邪魔になることがある。かといって自分を押し殺し、何の考えもないままでは面接で見破られる。我慢のしどころ、主張のしどころで主人公も悩むが、答えは出ない。

就職活動とは基本的に相手に選ばれるものだろうが、働く主体はやはり自分だ。母の病気の発症を気づけなかった自分を責め、間に合わなかったけどできる限りのことをすると決めた主人公は、自分の過《あやま》ちを認めたうえであきらめない覚悟と責任を持った。一度どん底に沈んだ人は強い。次は浮かびあがるしかないからだ。

衝突してばかりの父と同じ「社会人」として通じ合っていく過程も心温まる。履歴書や面接の作法を教わる場面では、面接する側の人材の選び方がわかって興味深い。

就職難の切実さを描きながらも、読後元気がわいてくる。そう、あきらめなければ間に合うのだ。

有川 浩『フリーター、家を買う。』（幻冬舎）

成長重ねる「家族」の絆

子どもの頃は夏休みが待ち遠しかった。夏が終わると、次の夏が来るのをじっと待っていた。本書を読み、あの頃の夏を思い出した。

信州に住む少年リュウと、東京に住む親類の少女リリー。リュウの年子の姉の三人は毎年リリーが信州にやってくるといつも一緒に遊んでいた。

ひ弱なリュウは、都会育ちながらも自然を恐れないリリーに憧れ、その気持ちは大人になるにつれ高まっていく。リリーもまたリュウへ特別な思いを感じていた。

登場人物は家族、親類と長い付き合いの者同士ばかり。中でも一番の年長者で、リュウの曾祖母・菊さんの存在は大きい。一番目の夫は戦場で死に、後に夫の弟と再婚、子ども四人を産んだ菊さんを頂点とする「ファミリーツリー（家系図）」の末端にいるのがリュウやリリーだ。

「ここには、オレのすべてがあるの」と菊さんが自分の畑を見渡す場面が心に残る。この畑で丹精込めて育てた野菜を、愛する家族たちに食べさせてきたという菊さんの誇りを感じる。

家族だからこそ甘えられる。刺々《とげとげ》しく傷つけても、最後には許してしまう。自分は絶対に家族から見捨てられない、という信頼の絆があるからだろう。リュウとリリーのほのかな愛は、そんな絆を根にして育っている。

物語の途中、不幸な出来事によってひとつの命が失われる。リュウはその喪失感から立ち直れないが、リリーは悲しみを乗り越えようとする。すべては壊れてなくなるが、形を変えて再生することを本書の女たちは本能的に知っているのだ。

リリーのたくましさは、二度の結婚、戦争、子どもの死を越えてきた菊さんや、本文にほぼ姿を現さない「陰の存在」であるリリーの母に重なっていく。

血縁は形だけの繫《つな》がりではない。同じ時を過ごし、同じ経験を共有したという結束があるから、「ファミリーツリー」は枝葉を広げ、大きく成長していくのだ。

小川糸『ファミリーツリー』（ポプラ社）

記憶の底に戻される

長編小説がメーン料理ならば、短編は前菜のようなものかもしれない。前菜は軽少で美味。すべてにおいて控えめな印象だが、かと言って決してメーンに引けをとらない。そんな前菜が私は好きだ。

本書には何度も味わいたくなる短編が十二編収められている。

表題作『佐保姫伝説』の主人公はまもなく還暦を迎える。彼には妻にも秘密にしている場所がある。子どものころ迷い込んだ山で桜の絶景に出合い、以来その美しさを忘れられず、折を見ては何度も訪れている。

しかし単に桜の時期が悪いのか、それとも眺める自分が変わってしまったからだろうか、初めて見た子ども時代のような感動はない。そんなある日、秘密の場所で春の女神「佐保姫」と出会う。その翌年、主人公は再び佐保姫に会うべく、これが今生《こんじょう》の最後と覚悟して現地へ向かう。

追想は、ある年齢を過ぎた人の「特権」だと思う。自分にとって都合の悪い記憶は巧妙に切り取られ、残しておきたい美しい思い出と夢を混ぜて再構築する。こうして過去の表面の時間は完成し、時に訓示を垂れたりもできる。

一方で破れた恋、すれ違ってしまった人、そんな苦い思い出は、作られた記憶の底辺に誰にも知られることなくひっそりと息づいている。

ふとした瞬間に記憶は呼び戻される。それはおのずと血液のように体を巡り、脳裏に過ぎし日をありありと映し出す。戻せない時を悔やみ、胸を痛めながら、誰にも言えない過去の過ちを恥じ、そののち再び記憶の底に戻される。

人は長く生きればそれだけ死に近づき、後悔することも増える。でも回顧する事柄が多くなるほど、人は生きていると実感する。そして小説は回顧のため、生きるために必要なのだ、とも思う。

どの短編もほんの数行で小説の世界に引き込まれる。昔からこの人たちを知っていたような気がしてならないのだ。

阿刀田　高『佐保姫伝説』（文藝春秋）

想像と現実の境目で戸惑い続ける

見知らぬ異国の言葉を日本語に直訳したようなタイトルから、どんな壮大な物語が始まるのかと構えて読み始めたら、意外にもリアリズムに根ざした読みやすい小説だった。「読みやすさ」とは「わかりやすさ」では決してない。初めて入ったレストランで名物料理を食べ終えた帰り道に「ところで、この舌に残るぶつぶつとした物体はなんだろう。食材か？　もしくは調味料か？」という風に。

鉄道の駅舎の設計管理をする仕事に就く多崎つくるが主人公。彼が旧友の女性に投げかけられる言葉がある。

「駅がなければ、電車はそこに停まれないいんだから。そして大事な人を迎えることもできないいんだから」

この言葉になぞらえるなら、本書を評するために「村上春樹初のミステリー小説」という駅、すなわちプラットホームをこしらえてみたい。

ミステリーに謎はつきものだ。

一つ目の謎は、多崎つくるが学生時代の仲良し五人組から、ある日突然ひとり切り離された理由。友人は「自分に聞いてみろよ」と突き放す。そのせいで多崎つくるは死ぬことばかり考える生活を半年近く続け、絆を断たれた傷を抱えながら三十六歳を迎えていた。彼自身は過去を忘れたつもりでいたが、現在の恋人で二歳上の木元沙羅から、謎を解き明かすように促《うなが》され、順番にかつての友人に会いにいく「巡礼」の旅に出る。

二つ目の謎は、友人のうちの一人が亡くなっていた理由。それも殺人事件の被害者として。ここで俄然ミステリー色が強くなるのだが、いわゆるミステリー小説の謎解きは為《な》されない。強いて言えば多崎つくるの見る夢が謎を解く糸口になるかもしれない。彼は殺された女性ともうひとりの友人女性との性夢をくり返し見る。

夢は睡眠中に見る幻想で、願望だったりもする。すなわち夢は自分の深層に存在するある種のユートピア(あるいはディストピア)と言い換えられる。いかにも抽象的なその夢の意味は謎のまま。多崎つくるは夢と想像の境目で、想像とリアリティの境目で戸惑い続けるのだ。

多崎つくるだけでなく、はっきりとした答えを示されないことで読者を戸惑わせる。いつしか小説という夢と現実の境目にわたしたちは多崎つくると同様に立ち尽くしている。

　多崎つくるが新宿駅のベンチに座って乗るあてのない列車を眺める場面は最も印象的だった。彼は旅人を乗せた列車を見送るうちに、ふいにその列車に乗りたい衝動に駆られる。彼はその時、自分には向かうべき場所もなく、帰るべき場所もないことを悟る。そしてたまたま与えられた東京という場所で静かな生活を送り木元沙羅を手に入れたい、と強く願う。これは寄《よ》る辺《べ》ない世界で生きる人間の、実にシンプルな願望ではなかろうか。多崎つくるは長年友人を失ったトラウマから立ち直れず、恋人を失いたくないと怯える心に目を背《そむ》けてきたが、ようやく現実に対面するのだ。

　冒頭で本書を食材やら調味料と喩えてみたが、村上作品には数多くの比喩《ひゆ》がちりばめられている。そのせいか、作品を語るうえでこちらも比喩を用いてしまう。これは村上作品のマジックというか、吸引力のひとつだと思う。つまり比喩は、小説から世界を覗《のぞ》くフィルターのようなものだ。わたしたちの脳内にあるカメラは、登場人物たちの何気ない振る舞いや習慣を想像する際にフィルターをかける。ほとんど色を感じさせない、だけど絶妙な色合いのフィルター（比喩）を通すと、画《え》は際立ってドラマティックになる。途中に登場する悪霊や悪いこびとたちもフィルター越しに存在し、小説の風景に自然と収まっている。

リアリズムに根ざしたミステリー小説のはずが、いつのまにか幻想小説かのように説いている。心地よく変化する小説。読者それぞれの胸のうちにこしらえられるプラットホームから、本書を眺めてほしい。

村上春樹『色彩を持たない多崎つくると、彼の巡礼の年』（文藝春秋）

あぶり出される感情のままに

小学生のころ、あぶり出しの実験をしたことがある。

事前にみかんの果汁を含ませた筆で文字を書き、その後よく乾かした半紙をバーナーの火であぶると、白い紙に文字が浮かび上がる。わたしはマジックの謎解きのような実験にワクワクした。が、半紙を近づけすぎたのか、あっという間に黒い燃えくずと化してしまった。

『あとかた』を読み始めて、こんな昔の話がふと蘇《よみがえ》った。

燃えてしまったのは紙だったけど、わたしが惜しんだのは紙ではなく、文字のほうだった。文字はかたちのないものを、「かたち」として肉付けしていく作業だ。その肉が失われると、芯になっていたはずの骨を見失ってしまう。そして文字は、すぐに燃え尽きてしまうような紙の上に存在する。文字そのものは燃えなくとも、その天命は紙というかたちとともにある。紙が風化してしまえば、やはり文字も消える。

本書に収められた六編の小説は、どれも残された「かたち」がタイトルに挙げられる。ちょっと目を離した隙《すき》に燃え尽きてしまわないように、慎重にあぶり出す。

「てがた」の主人公洋平の上司は、会社の屋上から飛び降り自殺した。上司が柵を越えたところに彼の手形は残っていた。家族とも疎遠で、ひとり暮らしの部屋に未成年の女の子を囲っているとの噂《うわさ》もあったが、彼が残した明確な「かたち」は、手形だった。以来、主人公の中には死んだ上司の手形が焼きついたままになっている。

「死ぬ前は何とも思っていなかった男だった。けれど、死んだ途端に影が濃くなった」と表される人物の姿かたちは描写されないが、黒い手形はわたしのまぶたに浮かぶ。

手形はあくまで手の残した痕《あと》で、手そのものではない。慎重に火であぶったあとに浮かぶ文字もまた、筆の痕であるように。痕に意味を見出そうとするのは、それが書き手の残した唯一の手がかりであり、無性に知りたいという思いが抑えきれなくなるからでもあるだろう。

「ゆびわ」は、洋平の妻・明美の不倫を描く。買ったばかりのマンションを出て、幼い我が子を実母に預けてからバスに乗って川を越えると、その男のアパートにたどり着く。明美は玄関ドアの前に立つと、おもむろにプラチナの指輪を外してから、ドアを開く。

妻、母、新築マンション住まい、指輪という外形から外れた明美に主婦の影はない。「人並みの幸せ」を望み、それらを手に入れたはずなのに、男の灰色のアパートへと足を運ぶ彼女は身軽でどこか楽しげだ。

「欲しいものは手に入った。後はうまく維持していけばいいだけ」と思いながらも、その心には不安が忍び寄る。モデルルームのような部屋で何十年と同じ生活を繰り返すことも、お金も将来性もない年下の男との不安定な関係を続けることも、多分どちらも本望ではない。

デカルトの名言「われ思う、ゆえにわれ在り」にあるように、わたしたちは自分が確信できることが何ひとつなくとも、そう考える自分が存在するということは実感している。

明美は、目の前にある景色が誰かに見せられている幻想である可能性に気づいている。だから心の不安を抑えるためにあわてて指輪をする。金属の小さな輪がもたらす安寧に身を委《ゆだ》ねるのは、それが婚姻関係という決められた共通のかたちの証《あか》しだからだろう。

登場人物たちはかたちあるものを残そうと人間関係を築いていくのに、永遠に残るものはない、と次第にわかっていく。どれほど頑丈に作っても、砂の城がいずれは波にさらわれていくように。

読みながら、どんなに大切なかたちもやがて消え失《う》せる悲しみを感じながら、同時に清々《すがすが》しい心持ちになっていく。湧《わ》き上がる不思議な感情に驚いている。

心に、何かがあぶり出されたようだ。

千早 茜『あとかた』(新潮社)

かけがえのない愛に出合う

犬を飼う人にとって、犬は「家族」同然。飼ったことはないけど、たぶんそういうものだろうと考えていた。

『ソウルメイト』を読んで、その考えが間違ってはいないと頷《うなず》きつつ、犬は「家族」という言葉では括《くく》れない存在で、もっと言えば犬という生物が、これまで知っていたペットの犬のイメージとも違っていた。

別に言葉を話せるとか、特殊能力を持っている犬の話じゃない。普通の犬と、犬と暮らす人間の小説。この犬と人間の関係をなんと名付ければ良いのだろう。物語に引き込まれながら、ふさわしい言葉を探していた。

収められた七つの短編は、タイトルとなる犬が家族をつなぐ役割を担う。多くが軽井沢を舞台に取るからか、芯のところでつながっているように感じられる。

「チワワ」の飼い主佐伯泰造は定年後、妻と愛犬ルビィと軽井沢で暮らしていた。しかし若かりし頃の過ちによって佐伯は娘たちに徹底的に嫌われ、やがて妻をも失いかけようとしている。彼にとって小さなルビィは心の拠《よ》り所《どころ》となっていく。目を潤《うる》ませて、小さな体をせわしなく動かし愛情を表現するルビィ。どこまでも無邪気で従順なルビィは、佐伯にとってある意味「家族」以上だった。

「ジャック・ラッセル・テリア」は見た目の愛らしさとは違い、攻撃的な性格で飼い主の手を焼かせる。康介は別れた妻に頼まれ、犬のインディと七歳の息子を預かった。息子をインディのボスにするため、インディのしつけをやり直す。康介はインディを通じて離れていた息子との距離を縮めてゆくが、元妻の心を開くことはできないままだった。

全編に、犬は愛情を注ぐことで人間と暮らす喜びを知ること、犬はきちんとした教育が必要で、人間よりもずっと寿命は短く、弱い存在、というメッセージがある。犬を擬人化せず、あくまで飼い主側から犬という生物の愛らしさ、時に見せる凶暴さを誠実に描く。

「バーニーズ・マウンテン・ドッグ」は愛犬を看取るまでの物語。「三歳までは幼犬、六歳までは良犬、九歳までは老犬、十歳からは神様の贈り物」と言い伝えられる犬種に特有の遺伝性疾患を持つカータがついに発症した。真一と鈴子夫婦はカータの治療のため、軽井沢へやってくる。

少しずつ衰弱していくカータが少しでも食べてくれると、真一はこの上ない喜びを感じる。カータのできないことが増えていくのは辛いのに、その分一人と一匹の仲は深まっていくようだ。人間が犬と共に暮らした喜びと悲しみを思い知るのは、多くの場合犬の最期で、それこそが犬を愛した証しなのだろう。

犬を飼う人は、犬の一生を看取る責任がある。そして犬は一生をかけて飼い主を見つめる。

かけがえのない愛が、ここにはある。

馳星周『ソウルメイト』（集英社）

支え合う大人と子ども

少年の自称はいつ「ぼく」から「おれ」へと変わるのだろう。本書の主人公陽介は、初めてバレンタインチョコをもらった小五では「ぼく」だった。中二のある時「おれ」になっていることに気付く。

横領罪で父が逮捕され、一家離散となった「おれ」こと陽介は、母の姉「恵子おばさん」の元へ預けられる。長く音信不通だった恵子おばさんが経営する札幌の児童養護施設に集まってくるのは、「通常」の施設からはじき出されたさまざまな問題を抱えた子どもたち。

大人ならばどんな環境に陥ってもある程度は自分の責任であり、自ら望んだ結果だが、大人の都合に巻き込まれた子どもはいうなれば被害者だ。

物語に登場する多くの子どもたちは、きびしい現状を受け入れてたくましく生きているようにも見える。陽介は父に「将来自分も同じことするかも」と同情し、独り働く母に「自分だけが施設で守られている」と申し訳なく思ったりする。

家庭内で守られる「子ども」という枠組みからはじき出されてしまった陽介は、大人以上に大人びた「おれ」になるしかなかったのだ。早い成長を促された子どもは不憫《ふびん》だ。

しかし陽介が感情をこらえきれず泣く時に知る。「おれ」の中にはまだ「ぼく」がいる。

人は子どもであることをやめて大人になるのでなく、自らの「子ども」を胸に抱えながら、精一杯大人らしく振る舞っているにすぎないのだろう。

破天荒な恵子おばさんによって、施設内は絶妙なバランスが保たれている。人生を全力で駆け抜けるおばさんは、大人に裏切られた子どもたちが「まったくしかたないなぁ」と慕わずにいられない魅力にあふれている。

子どものために頑張る大人は素敵だ。でもそのために自分を犠牲にしない。大人と子どもそれぞれが、互いに幸せになろうと生きる姿が清々しく描かれている。

家族で回し読みしたくなる一冊だ。

佐川光晴『おれのおばさん』（集英社）

謎解きのカタルシス

ミステリー小説を読む喜びのひとつに、物語の謎が解けるごとに得るカタルシスがあげられるだろう。しかし本作は謎解きという筋書きに固執すればするほど、真相が見えなくなる。

言わずと知れた加賀刑事シリーズ。同シリーズを既読ならばより深く楽しめ、未読でも容易に物語世界へ入りこめるだろう。

前作『新参者』と同じく日本橋が舞台。人情で繋がれた日本橋を知り尽くした加賀刑事が次に挑んだ心の謎。ただし、その心の主はもうこの世のものではない。

日本橋の欄干《らんかん》にもたれかかった男の胸にはナイフが刺さっていた。男は別の場所で被害にあい、瀕死《ひんし》の状態で橋まで歩いてきたよう。それからまもなく容疑者と思《おぼ》しき若い男が逃走中トラックに撥《は》ねられ意識不明に。

やがて両者の接点が次々と浮かび上がり、事件は収束を迎えようとする。

玉ねぎの皮をむくように、事件の全容が明らかになろうとする時、その動機を、その経緯を早く知りたいと、つい心が焦《あせ》る。物語内でもいつのまにか出来あがった筋書きにそって、警察もマスコミも事件を追い始めていく。あらかじめ用意された答えに合わせて、途中経過を立証するのだ。

作中、マスコミの取材に事件関係者の家族が対応する場面がいくつかある。時には悲劇の主人公として、時には殺されても仕方がない悪人として取りざたされる人々を守る術《すべ》はなく、話題の一部として晒《さら》される。

現実でもよく見るこの手の取材攻勢に触れる度思うのは、いったい誰が、どういう立場から事件を糾弾《きゅうだん》しているのか、ということだ。それはたぶん姿の見えない「正義」だ。殺人という罪を正義が裁くという勧善懲悪の物語。正義の側に立ち事件のあらすじに熱狂する人々を見ているうちに、はたと気付く。

本当に、その「答え」でいいのか？

それなりの動機、都合のよい凶器、世間の空気……どれほど材料がそろっていても、加賀刑事は得心せず、真実を追い続ける。

本作では加賀刑事の父子関係がカギとなってくる。加賀刑事の父は元刑事であった。さまざまな感情の齟齬《そご》から加賀は父に背を向けてきた。父亡き後、「もう片の付いたこと」と父を振り返ろうとしない加賀に、父を看取った看護師は言う。

「あなたはまだ何もわかっておられないと思います」

死にゆく人の最後のメッセージを受け止めるのは生きている者の役目なのだと。

被害者が瀕死の状態で歩き続けた意味、その行動にこめられた願い、加賀がそのことに気付いた時、事件は初めて真相を見せる。

本の中盤（総ページ数の半分以上）までまったく犯人に見当がつかなかった。結末を知った後、思わず息を呑《の》んだ。極上のミステリーであり、同時に重厚な人間ドラマでもある。傑作である前作を超える最高傑作だ。

東野圭吾『麒麟《きりん》の翼』（講談社）

「今日」を生きる力

とりとめのない話に思えるのに、なぜこれほど深く沁《し》みるのだろう。映像でもなく、ノンフィクションでもない小説の力をあらためて感じる。

山に囲まれた故郷を逃れるように出て、海のある久里浜《くりはま》に居を構えた佐々井夫婦。夫の会社がブラック企業と気づいた妻の冬乃は夫が解雇される前に仕事を決めようと考えているが、内心「ほどほどに働きたい」と一歩踏み出す勇気を出せないままでいる。夫婦のもとに転がり込んできた妻の妹の菫《すみれ》に誘われ「なぎさカフェ」を久里浜で始めることになるが――。

日常を薄く剝《は》がすように丁寧に描写される。ひとり眠る夫の真意をはかりかね不安になるのに、同じベッドでは眠れない冬乃。住まい、家族、仕事など、人はさまざまなものに縛られる。そして同時に縛られないことを恐れてもいる。夫が仕事に疲弊し、どんどん病《や》んでいく様子は、読んでいて怖くなってきた。

「いろんなことが鬱陶《うっとう》しい。なのに人恋しい」と佐々井の部下である川崎は嘆き、

「同じ悩みにそろそろ飽きろ、人生の登場人物を変えるんだ」と「なぎさカフェ」のオーナーであるモリは言う。どちらの言葉も真に迫っていて、両人ともあまり好ましくないのに妙に共感してしまう。そして「探せばどこかに自分の体と心にちょうどいい仕事があるに違いない」と幻想を抱く冬乃を「甘い」と思いながら、自分だって同じことを考えていることに気がつく。人の善悪を超越し、それぞれの持つ悩み、苦しみが波のように押し寄せては引いていく。

『なぎさ』の世界観は、海と山に挟まれた久里浜の地形に似ている。故郷を離れたように山を背にして波打ち際に立つと、思いがけない力強さで波に足をさらわれそうになる。不安定な砂の上で両足を踏ん張るより、このままさらわれてしまいたい「恐怖と誘惑が寄せては引いていく」という感情は、生と死とを分かつ彼岸《ひがん》を彷彿《ほうふつ》とさせる。踏ん張った足をどこへ踏み出そうかと誰もが迷っているのだ。

　わたしの目の前にもきっと見えない「なぎさ」はある。「なぎさ」はあらゆるものに喩えられるが仮に「世界」だとする。騒いだり凪《な》いだりしている「世界」となるべく離れていたいが「世界」と無関係に生きていくことはできない。いつかは「世界」と向き合い、時に「世界」に属する場合もある。

　普遍的な人間を描きながらこんなにも大きな世界につながった衝撃に読後しばし

呆然《ぼうぜん》とした。勝ち目も爽快《そうかい》感もなくても、とにかく今日を生きる力を手渡してくれる一作だ。

山本文緒『なぎさ』（角川書店）

天性の主役

児玉清さんの訃報に触れ「名司会者」とともに「名脇役」という言葉を見かけたが、児玉さんほど主役らしい人はいなかったように思う。いや、天性の主役と申し上げたい。

そう考える理由はいくつかある。出演された番組は長く続いた。主役は世代も時代も越えて愛されて尚《なお》輝く。児玉さんはスタッフにもファンが多かった。また主役は自分への評価が厳しい。周囲の誉《ほ》め言葉を聞き流し、常に自身を冷静に見つめた。その洞察力は筆にも通じる。

『寝ても覚めても本の虫』には講談本をきっかけに本の世界に目覚めたこと、純文学にのめり込んだ中学時代、文学少年だった時期のエピソードがつづられる。ある日、姉が好きな少女小説〈甘ったるいお涙ちょうだい〉の本がいかにくだらないかを力説しようと児玉少年は姉の部屋に忍び込んだ。そうして読みだしたところ、少女小説の清らかさに感動し、ミイラ取りがミイラになってしまった。児玉少年の複雑な心中を客観的かつ面白く描いたストーリーは、短編映画のようだ。その後夢中になった英米ミステリーを語るところは、主人公が乗り移ったように情熱的に想いを記す。きっと児玉さんは脳内でヒーローを演じているのだ。読みながら児玉さんがページをめくる喜びが伝わり、一緒に手に汗握ってしまう。文章から情熱があふれだし、こちらの心も熱くさせる。

天性の主役・児玉清さんにも弱みがある。照れ屋で清廉潔白な性格は愛される一方で、損もした。自伝エッセイ『負けるのは美しく』に描かれるのは、今風に言うと「空気を読まない」新人俳優。「雑魚《ざこ》」扱いに奮起し、九年間身を置いた映画界からテレビへと活動の場を移した経緯。急逝《きゅうせい》した娘・奈央子さんへの尽きぬ思い。どんな時も自分の信念を貫き、何度も苦い思いをかみしめた。そのうえで「勝利を得られないのなら、美しく負ける」ことをモットーにされていた。生き馬の目を抜くと言われる芸能界で、その潔癖さは逆に存在感を光らせる。

『児玉清の「あの作家に会いたい」』では尊敬してやまない「物語の神様」と対談する。作家たちの心を開き、名言を引き出したのは、児玉さんの本への愛情と人柄によるところだろう。

児玉さんがいなくなった世界に、私はまだ慣れないでいる。せめてもの慰めは、これらの本を残してくださったこと。本を開けば、私のヒーローはいつもそこにいるのだから。

児玉清『寝ても覚めても本の虫』（新潮文庫）、『負けるのは美しく』（集英社文庫）『児玉清の「あの作家に会いたい」人と作品をめぐる25の対話』（ＰＨＰ研究所）

本のひととき――あとがきにかえて

昔から文字が好きで、それが高じて本が好きになりました。本書はわたしにとって初めての本をめぐるエッセイ集であり、好きな本について新聞や雑誌などで書き続けてきた記録でもあります。

わたしがずっと本について書き続けている理由は（ありがたいことに）執筆のオファーをいただくからというのもあるのですが、この本を作る際に自分の文章を読み返して、はっきりとわかったことがありました。

まず本の面白さを分かち合いたい、ということ。たいていの人は、自分が経験した面白いエピソードを語ったり、書いたりして人に伝えようとします。面白い本に出合った時に、誰かに語りたくなるのも同じです。本の面白さは独り占めするより、誰かと分かち合えるほうがずっと楽しい。

でも残念ながら自分の読書体験は、やっぱり自分だけのもので、他者にまったく同じ体験をしてもらえるわけじゃない。同じ本を読んだところで、感じるところはきっと微妙にずれている。

それでも書かずにいられないのは、わたしが読書という体験にずいぶんと救われてきたからです（その経験は本書にも記しました）。

たとえ同じ本を読んでいなくても、わたしの経験を通して、いま読んでくださっている方の記憶を呼び起こし、何らかの共感があればうれしいのです。

かつてわたしが読んでいた本につづられた経験、感情と自分のそれが重なって笑ったり、泣いたり、感動したりすると「あ、わたしと同じだ。自分だけじゃないんだ」と安心したように。ひとりでしかできない読書は面白いことに「自分はひとりじゃない」と確認することでもあるのですね。

わたしたちの人生は、予期せぬ出来事が起こったり、立ち直れないと思うほど辛いことがあったり（これまではなくてもこれから起こる可能性はゼロじゃない）、出来事の大小はあっても、皆それなりに波瀾万丈《はらんばんじょう》、と言えるでしょう。

波瀾に満ちた物語を背景に持つ読者たちが本を開き、やがて自分に似た誰かの姿を本の中に見つける。偶然なのか必然なのか、なんて運命的、ドラマティックな場面！……などと勝手に盛り上がっていますが、つまりは、自分のことを理解してくれる他者がいる、ただそれだけで人は救われるのだと思います。

逆に言えば、自分が理解されない苦しみは相当なもの。ぜひそういう方に積極的に多くの本に出合ってもらいたい、と願います。

読みたい気持ちはあるけど、読む時間がない方。一日のうち五分間、お茶を飲みながら「本のひととき」を過ごしてみませんか。読書は積み重ねです。一歩ずつでも前に進めば、後ろには戻らない。たとえ足踏みしたとしても、基本は前進あるのみ。

本書が、あなたの読書生活のお供になれたら幸いです。

二〇一四年五月

中江有里

掲載書籍一覧　＊著者の五十音順

［あ］
朝井まかて『恋歌』講談社　216
阿刀田　高『佐保姫伝説』文藝春秋　239
荒川静香『誰も語らなかった　知って感じるフィギュアスケート観戦術』朝日新書　213
荒川洋治『昭和の読書』幻戯書房　120
有川　浩『フリーター、家を買う。』幻冬舎　235

［い］
池谷裕二『脳はなにかと言い訳する』祥伝社　72
伊集院　静『星月夜』文藝春秋　116
磯前順一『ザ・タイガース　世界はボクらを待っていた』集英社新書　215
伊藤計劃『ハーモニー』ハヤカワ文庫ＪＡ　135
伊藤計劃『The Indifference Engine』ハヤカワ文庫ＪＡ　135
井上荒野『結婚』角川書店　139

井上荒野　『もう二度と食べたくないあまいもの』　祥伝社　229
岩下尚史　『ヒタメン　三島由紀夫が女に逢う時…』　雄山閣　133

【う】
上野千鶴子・古市憲寿　『上野先生、勝手に死なれちゃ困ります　僕らの介護不安に答えてください』　光文社新書　117
内田　樹　『街場の読書論』　太田出版　140
内田　樹、岡田斗司夫FREEex　『評価と贈与の経済学』　徳間ポケット　187
冲方　丁　『光圀伝』　角川書店　166

【え】
エクトール・マロ　『家なき子』　42
遠藤周作　『砂の城』　新潮文庫　59／224

【お】
大沢在昌　『小説講座　売れる作家の全技術　デビューだけで満足してはいけない』　角川書店　149
岡野雄一　『ペコロスの母に会いに行く』　西日本新聞社　171

小川　糸　『ファミリーツリー』　ポプラ社　237
小川　勝　『オリンピックと商業主義』　集英社新書　147
奥田亜希子　『左目に映る星』　集英社　218
奥田英朗　『沈黙の町で』　朝日新聞出版　178

【か】
鴨　長明　『方丈記』　80
梯　久美子　『声を届ける――10人の表現者』　求龍堂　193
風野春樹　『島田清次郎　誰にも愛されなかった男』　本の雑誌社　200
鹿島　茂　『「レ・ミゼラブル」百六景』　文春文庫　174
金原ひとみ　『マザーズ』　新潮社　112

【き】
木皿　泉　『昨夜のカレー、明日のパン』　河出書房新社　184
岸田麗子　『父　岸田劉生』　中公文庫　220
北　杜夫　『マンボウ最後の家族旅行』　実業之日本社　142

【く】
J・M・クッツェー『遅い男』早川書房　124
隈　研吾『建築家、走る』新潮社　185

【こ】
児玉　清『すべては今日から』新潮社　136
児玉　清『寝ても覚めても本の虫』新潮文庫　260
児玉　清『負けるのは美しく』集英社文庫　260
児玉　清『児玉清の「あの作家に会いたい」』PHP研究所　260

【さ】
佐伯泰英『惜櫟荘だより』岩波書店　160
坂口恭平『坂口恭平　躁鬱日記』医学書院　213
佐川光晴『おれたちの青空』集英社　113
佐川光晴『おれのおばさん』集英社　252
桜木紫乃『起終点駅（ターミナル）』小学館　137
桜庭一樹『桜庭一樹短編集』文藝春秋　190

佐貫亦男　『不安定からの発想』　講談社学術文庫　105
里見清一　『見送ル　ある臨床医の告白』　新潮社　204
佐野洋子　『死ぬ気まんまん』　光文社　104

【し】
ジェレミー・ドノバン　『ＴＥＤトーク　世界最高のプレゼン術』　新潮社　199

【す】
水道橋博士　『藝人春秋』　文藝春秋　183
鈴木哲夫　『最後の小沢一郎　誰も書けなかった〝剛腕〟の素顔』　オークラ出版　192

【せ】
関口　宏　『テレビ屋独白』　文藝春秋　145

【た】
高野和明　『ジェノサイド』　角川書店　109
立花　隆　『立花隆の書棚』　写真・薈田純一　中央公論新社　217

玉岡かおる『虹、つどうべし　別所一族ご無念御留』幻冬舎　211

【ち】

千早　茜『あとかた』新潮社　245

【つ】

辻原　登『冬の旅』集英社　180

円谷英明『ウルトラマンが泣いている　円谷プロの失敗』講談社現代新書　198

津村記久子、深澤真紀『ダメをみがく　〝女子〟の呪いを解く方法』紀伊國屋書店　196

【と】

富樫倫太郎『信長の二十四時間』NHK出版　187

徳田秋声『縮図』59

戸田　学『上岡龍太郎話芸一代』青土社　208

ドリアン助川『朗読ダイエット』左右社　169

トルストイ『おおきなかぶ』96

【な】

永井　愛　『片づけたい女たち』　而立書房　175

中場利一　『離婚男子』　光文社　206

中脇初枝　『きみはいい子』　ポプラ社　143

【に】

西　加奈子　『ふくわらい』　朝日新聞出版　154

西川美和　『その日東京駅五時二十五分発』　新潮社　151

【の】

野地秩嘉　『高倉健インタヴューズ』　プレジデント社　152

野副正行　『ゴジラで負けてスパイダーマンで勝つ　わがソニー・ピクチャーズ再生記』　新潮社　209

信田さよ子　『さよなら、お母さん　墓守娘が決断する時』　春秋社　111

【は】

橋本　治　『橋本治という立ち止まり方』　朝日新聞出版　165

馳　星周　『馳星周の喰人魂』　中央公論新社　189

馳　星周『ソウルメイト』集英社　249
長谷正人『敗者たちの想像力　脚本家山田太一』岩波書店　177
初瀬　礼『血讐』泰文堂　210

［ひ］

東野圭吾『麒麟の翼』講談社　254
百田尚樹『プリズム』幻冬舎　231
平川克美『俺に似たひと』医学書院　128

［ふ］

福澤徹三『東京難民』光文社　102
福岡伸一『動的平衡ダイアローグ　世界観のパラダイムシフト』木楽舎　219
藤岡陽子『トライアウト』光文社　121
文藝春秋編『天才・菊池寛　逸話でつづる作家の素顔』文春学藝ライブラリー　206

［ほ］

保阪正康『八重と新島襄』毎日新聞社　167

ほしおさなえ　『夏草のフーガ』　幻冬舎　107
星野博美　『コンニャク屋漂流記』　文藝春秋　100

［ま］
マーク・ボイル　『ぼくはお金を使わずに生きることにした』　紀伊國屋書店　126
町山智浩　『トラウマ恋愛映画入門』　集英社　202
松浦弥太郎　『松浦弥太郎の新しいお金術』　集英社　130
松竹伸幸　『憲法九条の軍事戦略』　平凡社新書　203

［み］
三浦しをん　『舟を編む』　光文社　131
宮崎　学　『「自己啓発病」社会』　祥伝社新書　132
宮脇　檀　『日曜日の住居学　住まいのことを考えてみよう』　河出文庫　195

［む］
牟田和恵　『部長、その恋愛はセクハラです！』　集英社新書　191
村上春樹　『色彩を持たない多崎つくると、彼の巡礼の年』　文藝春秋　241

【も】

モーリス・ルブラン　『ルパン、最後の恋』　早川書房　155

森　博嗣　『人間はいろいろな問題についてどう老えていけば良いのか』　新潮新書　181

【や】

矢玉四郎　『はれときどきぶた』　岩崎書店　96

山口恵以子　『月下上海』　文藝春秋　193

山口果林　『安部公房とわたし』　講談社　197

山田詠美　『ジェントルマン』　講談社　122

山田洋次　『学校』　岩波書店同時代ライブラリー　66

山中伸弥　『山中伸弥先生に、人生とｉＰＳ細胞について聞いてみた』　聞き手・緑慎也　講談社＋α新書　161

山本文緒　『なぎさ』　角川書店　257

【ゆ】

柳　美里　『自殺の国』　河出書房新社　158

よ

本書は、二〇一四年五月に毎日新聞社より刊行された
作品を、加筆・修正したものです。

著者紹介
中江有里（なかえ　ゆり）
1973年大阪府生まれ。法政大学卒。女優、作家。89年芸能界デビュー、テレビドラマ・映画に多数出演。2002年『納豆ウドン』で第23回ＮＨＫ大阪ＢＫラジオドラマ脚本懸賞最高賞受賞。NHK BS2「週刊ブックレビュー」で長年司会を務めた。現在は、フジテレビ系「とくダネ！」にコメンテーターとして出演中。読書に関する講演や、エッセイ、書評も多く手がける。
著書に、『結婚写真』（小学館文庫）、『ティンホイッスル』（角川書店）などがある。

ＰＨＰ文芸文庫　ホンのひととき
終わらない読書

2017年９月22日　第１版第１刷

著　者　中　江　有　里
発行者　後　藤　淳　一
発行所　株式会社ＰＨＰ研究所
東京本部　〒135-8137 江東区豊洲5-6-52
文藝出版部　☎03-3520-9620(編集)
普及一部　☎03-3520-9630(販売)
京都本部　〒601-8411 京都市南区西九条北ノ内町11
PHP INTERFACE　http://www.php.co.jp/
組　版　朝日メディアインターナショナル株式会社
印刷所　共同印刷株式会社
製本所　株式会社大進堂

©Yuri Nakae 2017 Printed in Japan
ISBN978-4-569-76766-6
※本書の無断複製(コピー・スキャン・デジタル化等)は著作権法で認められた場合を除き、禁じられています。また、本書を代行業者等に依頼してスキャンやデジタル化することは、いかなる場合でも認められておりません。
※落丁・乱丁本の場合は弊社制作管理部(☎03-3520-9626)へご連絡下さい。送料弊社負担にてお取り替えいたします。

PHP文芸文庫

みんなの図書室

小川洋子 著

『竹取物語』『若きウェルテルの悩み』『蟹工船』『対岸の彼女』……名作文学から最近の話題作までを小川洋子さんの解説で味わう一冊。

定価 本体五九〇円
(税別)

PHP文芸文庫

私のことはほっといてください

北大路公子 著

髪ゴムが起こした奇跡と呪いとは？ 世界で最も遠い十五歩とは？ 半径5メートルで起こる出来事を無駄に膨らませる抱腹絶倒のエッセイ。

定価 本体六二〇円（税別）

PHP文芸文庫

うふふな日々

あさのあつこ 著

自然豊かな岡山で暮らす人気作家。平々凡々な毎日かと思いきや……。妄想一杯な日々のあれこれをユーモアたっぷりに綴ったエッセイ集。

定価 本体六四〇円（税別）

PHP文芸文庫

いつか来た町

東直子 著

訪れた町の風の香り、目にとまった風景、聞こえてきた会話、口にした味……、第一線で活躍する歌人が感性豊かに綴った随想集。

定価 本体六八〇円（税別）

PHP文芸文庫

ここだけの話

椎名誠 著

ミミズの人生はシアワセか／サメに睨まれた思い出／列車内日本人顔面弛緩論など、シーナさんのフムフム、ナルホドが満載の「ここだけの話」。

定価 本体六四〇円（税別）

PHPの本

第33回 講談社エッセイ賞受賞

鳥肌が

穂村弘 著

日常の中でふと感じる違和感、自分が信用できなくなる瞬間……。思わず「鳥肌」がたつ瞬間を不思議なユーモアを交えて描くエッセイ集。

【単行本】 定価 本体一、五〇〇円（税別）

PHPの「小説・エッセイ」月刊文庫

『文蔵』

毎月17日発売　文庫判並製（書籍扱い）　全国書店にて発売中

◆ミステリ、時代小説、恋愛小説、経済小説等、幅広いジャンルの小説やエッセイを通じて、人間を楽しみ、味わい、考える。
◆文庫判なので、携帯しやすく、短時間で「感動・発見・楽しみ」に出会える。
◆読む人の新たな著者・本と出会う「かけはし」となるべく、話題の著者へのインタビュー、話題作の読書ガイドといった特集企画も充実！

年間購読のお申し込みも随時受け付けております。詳しくは、弊社までお問い合わせいただくか（☎075-681-8818）、PHP研究所ホームページの「文蔵」コーナー（http://www.php.co.jp/bunzo/）をご覧ください。

文蔵とは……文庫は、和語で「ふみくら」とよまれ、書物を納めておく蔵を意味しました。文の蔵、それを音読みにして「ぶんぞう」。様々な個性あふれる「文」が詰まった媒体でありたいとの願いを込めています。